河出文庫

怒り
心の炎を静める知恵

ティク・ナ

河出書房新社

日本の読者の皆さまへ

ティク・ナット・ハン

私はよく、「自分の怒りをどうすればコントロールできるのでしょうか」と質問を受けます。

怒りとは人生を破壊する炎です。炎を消すためには水が必要です。しかし、いったん怒りの炎が暴れ出してから、消火対策を考えたり、水を探しに行くようでは手遅れです。怒りは思わぬ、ささいなことで点火されるので、日頃から心の井戸に水を溜めておくことが賢明です。

その水は、1日を気づきをもって過ごすことで自然と溜まっていきます。あなたの気づきに満ちた安らかな呼吸とやさしく軽やかな歩みが、水としてひとしずくずつ井戸に溜まっていきます。安らぎ、思いやり、喜び、理解力、愛が、炎を消すことができる水そのものなのです。

私は、毎朝、毎晩、メディテーションホール（禅堂）へ向かうとき、新鮮な空気と一歩一歩を味わいながら、ゆっくりと歩きます。そうやって静かに歩いて、呼吸を大切にし、歩くことと呼吸に集中することは、誰もが日常生活の中でできることです。

たとえば、仕事場から駐車場、もしくは家の玄関から駅までの距離を自分の歩く瞑想の場所と決めて、その間を歩いているときは、悩み事や心配事などはすべて忘れて、歩くことだけを楽しんでください。このような日課を身につければ、自分の心の中にさわやかな水がたくさん溜まってきます。誰もが、いつでもどこでも歩く瞑想を実践できます。ゆっくりと、ただ自分の「歩く」ということを楽しんでください。私の住む、フランスのプラムヴィレッジでは、みんなそのように実践しています。

また、あなたの職業が何であろうと、お仕事そのものも実践ですので、リラックスして気づきの意識をもって行ってください。いろいろな人と接したりすることも、何かの作業をすることも、一つ一つのお仕事すべてが実践であり、さわやかな水を溜めるためのチャンスです。焦ると心は苛立ちやすくなります。常に呼吸を意識して、心のゆとりを育んでください。

プラムヴィレッジでも、僧侶たちがたくさん仕事を成していますが、何をするにも、リラックスして気づきとともに行っています。忙しい日本の皆さんも、同じように実践してみてください。していることすべてがより楽しくなり、充実した毎日を送れるようになります。

日本の皆さんは携帯電話を持ち歩いていますね。何かの拍子で怒りが込み上げてきたときのために、身近な人に、怒っているあなたに向けてのメッセージを携帯電話に録音してもらいましょう。「あなた、そんなふうに怒らないで。カッとして人生を台無しにしてはもったいないわよ」。または、「〇〇ちゃん、深呼吸して、微笑んで。僕は君の笑顔が大好きだよ」というように。あなたの子どもに楽しい歌を歌ってもらって、それを録音して持ち歩くのもいいでしょう。このように自分を気づかせてくれるものを録音して持ち歩いていれば、怒ったときでもサッと好きな人の声によって我に返ることができます。この実践も誰にでもできることです。

プラムヴィレッジではみんなで毎日歌を歌います。幸せの歌、歩く瞑想の歌、呼吸の歌、感謝の歌などたくさんあります。心が不機嫌になったとき、これらの歌を思い出して、心の中で、時には声を出して歌います。それだけで怒りは静まります。そうすることで、「怒りの感情一つで人間関係を壊してしまったり、人生を台無しにしてしまうなんて、なんてくだらないんだ」と自覚させられます。日本の皆さんも、このような歌や詩を見つけるか、あるいは自分で作って、いつでも取り出せるよう心の中に持ち歩いてください。

このような実践法が「応用仏教」です。仏教は仏教のためにあるのではなく、我々一人一人がより幸せに生きていくためにあるのです。自分、そして世の中の苦しみを変容するためのツールとも言えるでしょう。仏教は暮らしの中に、我々の中に生きています。お葬式のためにお寺に行くことが仏教の実践ではありません。死んでからでは手遅れです。

「仏教徒である/ない」に関係なく、日本人には深く仏教の血が流れています。国そのものが仏教に基づいているからです。禅、生け花、茶道、をはじめとするあらゆる文化をとおして、世界中に、特に欧米に仏教の素晴らしさを提供しています。戦後、日本は発展途上国の先端を歩み、テクノロジーと科学を西洋以上に達成しました。もはや物質的に克服するものはありません。物質的にこれほど豊かな国でありながら、なぜ日本では毎年3万人もの人々が苦しみ、自殺を選ぶのでしょうか。痛ましい殺人事件も毎日のように発生しています。これらの原因の多くは「怒り」です。自分に対する、家族や社会に対する怒りです。

心豊かな人生を送るために、何か新しいものを外に求める必要はありません。仏教という素晴らしい知恵の宝は、すでに日本人の皆さんに備わっているからです。その知恵の宝に気づき、積極的に自らの暮らしに応用すれば、平和で健康的な日本社会が築かれていくでしょう。これが私の心からの願いです。

本書を読みながらも、ぜひ、ゆったりとした呼吸を楽しんでください。

目次

◈

怒り

心の炎を静める知恵

はじめに

幸せの実践

幸せになるということは、苦しみを減らすことです。苦しみを変容させることができなければ、幸せになることは不可能です。

多くの人々が自分の外に幸せを探し求めますが、真の幸せは自分の中からもたらされるものです。私たちの社会では、幸せはお金や権力、地位によって手に入るもののように思われていますが、よく観てみると、お金持ちや有名人の多くは不幸であることに気がつきます。彼らの多くが自殺しています。

ブッダとその時代の僧や尼僧たちは三着の衣と一つの鉢しかもっていませんでしたが、彼らはとても幸せでした。それは、彼らには最も貴重なもの――自由があったからです。

ブッダの教えでは、幸せの最も基本的な条件は自由です。ここでいう自由とは、政治的自由のことではなく、怒り、絶望、嫉妬、妄想など、心の形成物からの自由です。このような心の形成物を、ブッダは「毒」と呼びました。この毒が心の中にある限り、幸せになることは不可能です。

キリスト教、イスラム教、仏教、ヒンズー教、ユダヤ教、いかなる宗教や宗派にかかわらず、怒りから自由でいるためには、教えを実践する必要があります。ブッダやキリスト、神やモハメッドはあなたの心から怒りを取り去ってはくれません。渇望、怒り、混乱を変容させるためには、具体的な方法があります。その方法に従って苦しみに対処できるようになれば、周りの人々にもそれを伝えていくことができます。

苦しみを和らげる傾聴

怒りを理解し、変容させるためには、思いやりをもって聴き、愛をもって話すことを学ぶ必要があります。観音菩薩と呼ばれる慈悲深い菩薩は、偉大なる存在、目覚めた人であり、大いなる慈悲をもって深く聴くことのできる人です。私たちは、この菩薩のように深く聴くことを学ばなければいけません。そうすれば、コミュニケーションを取り戻したいと助言を求めてくる人々にも、具体的なアドバイスができるようになります。

思いやりをもって聴くことは相手の苦しみを減らす助けになりますが、たとえ最高の善意をもっていたとしても、思いやりをもって聴く実践を積んでいなければ、本当に深く聴くことはできません。相手の話を1時間、静かに思いやりをもって聴くことができれば、相手の苦しみをずいぶん和らげることができます。聴くときの目的はただ一つ、相手に自分の気持ちを話す機会を与えて、相手の苦しみを和らげることです。聴いている間はずっと、思いやりをもち続けてください。

話を聴いている間は、とても集中していなければいけません。全注意力、全身——目、耳、体、心——をもって聴くことに集中します。聴いているふりをしていれば、それは相手に伝わり、苦しみを和らげることはできません。意識的な呼吸を続け、相手の苦しみを和らげたいという思いで集中し続けることができれば、聴いている間、思いやりをもち続けることができます。

思いやりをもって聴くことは、とても深い実践です。裁いたり責めたりするためではなく、ただ相手の苦しみを和らげるために聴くのです。その相手とはあなたの父親、母親、息子、娘、またはパートナーかもしれません。相手の話を聴くことができるようになると、相手の怒りや苦しみを実際に変容させる手助けができるようになります。

爆発寸前の爆弾

私は、北アメリカに住むあるカトリックの女性を知っています。彼女は夫との関係がうまくいっておらず、とても苦しんでいました。大変教養のある家族で、夫と妻は二人とも博士号をもっていましたが、夫も大変苦しんでいました。彼は妻とも子どもたちとも衝突し、家族の誰とも話すことができませんでした。彼は爆発寸前の爆弾のようだったので、家族は皆、彼を避けていたのです。彼の怒りは膨大でした。誰も彼のそばに近寄らないので、彼は、妻と子どもたちは自分のことを嫌っているのだと信じていました。でも実際は、妻も子どもたちも彼を嫌ってはいませんでした。彼はいつ爆発してもおかしくない状態だったので、近寄るのが怖かったのです。

ある日、妻は、これ以上このような状態で生きていくことはできないと思い、自殺しようと思いました。彼女は自殺を実行する前に、仏教の実践者である友達に電話をして、今から自分がしようとしていることを伝えました。この仏教徒の友達は、彼女の苦しみを和らげようとしてそれまでに何度か瞑想に誘っていたのですが、いつも彼女から「自分はカトリック教徒だから仏教の教えに従うことはできない」と言われ、断わられていました。

その日の午後、仏教徒の女性は自分の友達がこれから自殺しようとしていることを知り、電話口でこう言いました。「あなたは私の友達だと言いながら、今から死のうとしています。私が唯一頼んだことは、私の師の法話を聴くことでしたが、あなたはそれを拒否しました。あなたがもし本当に私の友達ならば、どうかタクシーに乗って法話のテープを聴きに来てください。死ぬのはその後にしてください」

カトリックの女性が到着すると、その友達は居間に彼女を一人で座らせ、コミュニケーションの回復についての法話のテープを聞かせました。この法話を聞いた1時間ほどの間に、彼女の中でとても深い変容が起こり、彼女は多くのことに気づきました。自分の苦しみには自分にも責任があったこと、自分もまた夫を大変苦しめてきたこと。夫をまったく助けられていなかったこと。それどころか、彼女は夫を避けることによって夫の苦しみを日に日に重くしていたこと。彼女は法話を聞き、相手を助けるためには、思いやりをもって深く聴くことができなければいけないことも学びました。それは彼女が過去5年間、できていなかったことでした。

爆弾を取り除く

法話を聞いて、この女性は大変刺激を受けました。彼女はさっそく家に戻って夫の話を深く聴き、夫を助けたいと思いました。でも、この仏教徒の友達は言いました。「今日はやめておくべきです。思いやりをもって聴くことはとても深い教えです。菩薩のように聴けるようになるためには、最低でも1週間か2週間、実践をする必要があります」。そして彼女は、カトリックの友達が学びを深められるよう、リトリート

（日常生活から離れて実践に集中したり自分を見つめ直すための合宿）に誘いました。

そのリトリートには450人が参加しました。6日間、食事、寝泊まり、実践をともにします。この期間中、私たちは全員、マインドフルな呼吸の実践をします。吸う息、吐く息に意識を向けて体と心を一つにします。マインドフルな歩行の実践も行い、踏み出す一歩一歩に、自分を完全に投入します。マインドフルな呼吸、歩行、座法を行い、自分の中の苦しみを観察し、受け入れるのです。

参加者は法話を聴くだけでなく、お互いの話を聴き、愛をもって話す実践もします。相手の苦しみを理解するために深く聴くことを学びます。このカトリックの女性はとても真剣に参加しました。彼女にとって、これは生死に関わる問題だったからです。

リトリートから戻ると、彼女はとても穏やかで、心は思いやりに満ちていました。彼女は心から、夫の心の中にある爆弾を取り除く助けになりたいと思いました。彼女は自分の呼吸に意識を向けながら、落ち着きを保ち、思いやりを養い続けました。彼女がマインドフルな歩行を実践していると、夫は彼女の変化に気がつきました。ついに彼女は夫のそばに寄り、隣に静かに座りました。それは過去5年間で初めてのことでした。

彼女はしばらくの間、静かに座っていました。そして自分の手を夫の手にそっと重ねて言いました。「あなた、私はあなたがこの5年間、とてもつらい思いをしてきたことを知っています。とても申し訳なく思っています。私はあなたの苦しみに大いに責任があります。私はあなたの苦しみを和らげることができなかったばかりか、状況を悪化させ続けていました。私はたくさん過ちを犯し、あなたに多大な痛みを与えました。本当に申し訳なく思っています。私に新しくやり直すチャンスを与えてください。あなたを幸せにしたいのに、その方法が分からずに、毎日状況を悪化させるばかりでした。もうこれ以上、このような状態を続けたくありません。どうか私を助けてください。あなたをもっと理解し、よりよく愛するために、あなたの助けが必要です。あなたの心の内を私に話してください。あなたがとても苦しんでいることは知っています。これまでのような過ちを繰り返さないためにも、私はあなたの苦しみを知らなくてはいけません。あなたの助けなしにはできません。もうこれ以上あなたを傷つけないために、私に力を貸してください。私はあなたをただ愛したいのです」。彼女が夫にこのように言うと、彼は泣き出しました。小さな男の子のように泣きました。

長い間、妻は不機嫌でした。彼女はいつも怒鳴り、その言葉は怒り、苦しみ、非難、批判に満ちていました。二人の間には言い争いしかなく、彼女はもう何年も、このような愛とやさしさをもって彼に話しかけたことがありませんでした。それでも彼女は夫が泣くのを見て、二人にはまだ可能性があると感じました。夫の心の扉は閉ざされていましたが、扉は再び開き始めたのです。彼女は慎重にならなければいけないことが分かっていたので、マインドフルな呼吸を続け、言いました。「お願いです。心の内を聴かせてください。もう過ちを繰り返さないように、よりよい関係が築けるようになりたいのです」

妻も大変教養のある人でしたが、二人とも思いやりをもって聴くことを知らず、苦しんでいたのです。でもその夜、彼女は思いやりをもって聴くことに見事に成功しました。その夜は二人にとって大いなる癒しの夜となり、数時間のうちに二人は和解することができたのです。

正しい教え、正しい実践

実践が正しく、よいものであれば、5年も10年も必要ありません。数時間あれば十分です。私は、このカトリックの女性がその夜、とてもうまく話ができたことを知っています。なぜなら、彼女は夫に次のリトリートに参加するよう説得できたからです。

次のリトリートも6日間かけて行われましたが、リトリートが終わる頃には彼女の夫も大きな変容を経験しました。お茶の瞑想のとき、彼は妻をほかの参加者たちにこのように紹介しました。「親愛なる実践仲間の皆さん、皆さんに偉大なる存在である私の妻を紹介させてください。過去5年間、私は彼女を大変苦しめてきました。私は本当に愚かでした。でも彼女は実践によって、すべてを変容させました。彼女は私の人生を救ってくれたのです」。そして二人がこのリトリートに参加した経緯、いかに深いところで二人が和解し合えたか、そして愛を新たにすることができたかについて皆に話しました。

農夫がある肥料を使っていて、その肥料が何の効果も上げていないのであれば、肥料を変える必要があります。これは私たちにも言えることです。もしも数ヶ月経っても、自分の行っている実践が何の変容も癒しももたらさないのであれば、状況を見直す必要があります。アプローチを変え、学びを深め、自分自身や愛する人の人生に変容をもたらす正しい実践を見つけなければいけません。

正しい教えと正しい実践を学べば、私たちは誰でも同じことができます。このカトリックの女性のように実践を生死に関わる問題だと捉え、本当に真剣に実践することができれば、すべてを変えることができます。

私たちは今、洗練されたコミュニケーション手段を数多くもつ時代に生きています。

情報は瞬時にして地球の反対側まで届きます。しかし今はまさに、人と人――父と子、夫と妻、母と娘――のコミュニケーションが困難を極めている時代でもあります。真のコミュニケーションを取り戻さなければ、幸せは決して実現しません。ブッダの教えの中には、思いやりをもって聴く実践、愛をもって話す実践、怒りに対処する実践が、とても明確に提示されています。それらを実践し、家族や学校、地域にコミュニケーションを取り戻し、幸せをもたらしましょう。そうすれば、ほかの人々の力になることもできます。

〈訳者注〉

※ティク・ナット・ハン師の教えの中心である〝マインドフルネス（mindfulness）〟は、「マインド（心）」が「フル（十分に満ちて）」にある状態、つまり、過去の出来事や未来の心配事などにとらわれることなく、「今ここ、この瞬間」に心が１００パーセント存在し、目覚めている状態をいいます。本書ではこの言葉を「マインドフル」「マインドフルネス」、あるいは文脈に応じて「気づきとともに」「意識的に」「心を集中して」などと訳しています。

※〝practice〟は、原則的に「実践／実践する」と訳していますが、本来は「修行」を意味し、〝しっかり行ずること〟〝繰り返し行って身につけること〟を意味します。

1

怒りの消費

私たちは、怒りの扱い方や対処の仕方について知る必要があります。怒りの根は、心の中だけではなく体の中にも存在するものなので、怒りの扱い方を知るためには、怒りの生化学的な側面にもっと目を向けるべきです。怒りを分析すると、その生理学的な要因が見えてきます。日常生活の中で私たちがどのように食べ、飲み、消費し、自分の体をどう扱っているかについて、深く観なければいけません。

怒りは心だけの問題ではない

私たちはブッダの教えの中で、体と心は別々のものではないことを学びます。体は心であると同時に、心は体です。肉体と精神は相互に作用し合い、切り離すことはできないので、怒りは精神のみの問題ではありません。仏教では、体と心の形成物をナーマルーパ（名色）と呼んでいます。ナーマルーパは精神と肉体、一つの実体としての「心体」を表します。同じ現実が心に現れることもあれば、体に現れることもあるのです。

素粒子の性質を深く観察すると、素粒子はときに波のように現れ、ときに粒子のように現れることをある科学者たちが発見しました。波と粒子では大違いで、波は波でしかあり得ず、粒子にはなり得ません。粒子は粒子でしかあり得ず、波にはなり得ません。しかし、波と粒子は同じものなのです。そこで科学者たちは「波」と「粒子」と呼ぶ代わりに二つの単語を合わせて「波粒子（wave+particle=wavicle）」と命名しました。

心と体についても同じことが言えます。二元的な考え方では、心は体にはなり得ず、体は心にはなり得ません。でも深く観察してみると、体は心で、心は体であることが分かってきます。心と体を完全に分けて考える二元論を乗り越えることができれば、私たちは真実により近づくことができます。

体に起こることは心にも起こる、またその逆も同様であることに多くの人が気づき始めています。現代医学も、体の病は心の病から、また心の病は体の病から生じ得ることに気づき始めています。体と心は別々の存在ではなく一体ですから、怒りの対処法を身につけたければ、体の状態をよく整えなければいけません。そのためには、食べ方や消費の仕方がとても重要になります。

私たちは自分が食べたものでできている

怒りや苛立ち、絶望感は、私たちの体や食べ物ととても深い関係があるので、怒りや攻撃的な感情から身を守るためには食べ方や消費の仕方について戦略的に考える必要があります。食べ物をどう育てるか、何をどのように食べるかは、文明のあり方と深くつながっています。私たちの選択次第で、世の中に平和をもたらし、苦しみを軽減させることもできるのです。

私たちが食べる物は、怒りにとって重要な役割を担っています。食べ物そのものが怒りを含んでいることがあるからです。ＢＳＥ（狂牛病）にかかった動物の肉には、怒りが含まれています。卵や鶏肉にも、怒りが含まれていることがあります。私たちは怒りを食べているから怒りを感じるのです。

最近では大規模な近代農法により、養鶏場の鶏たちは歩くことも、土の中から餌を探すこともできず、人間から与えられる餌のみを食べて育っています。狭い檻に入れられてろくに身動きもとれず、昼夜を問わず立ちっぱなしです。あなたが、歩くことも走ることも許されず、昼夜を問わず一カ所に居続けなければならないことを想像してみてください。気がおかしくなるでしょう。同じように、鶏たちも気がおかしくなっているのです。

さらに、鶏がもっとたくさん卵を産むようにと、人工的に昼と夜を作り出している場合もあります。室内灯の調整によって昼と夜の時間を短くし、鶏たちが24時間が経ったと勘違いしてもっと卵を産むようにするのです。このような鶏たちには、たくさんの怒り、苛立ち、苦しみが含まれています。その怒りや苛立ちを発散させるために鶏は隣の鶏をつつきます。くちばしでつつき合い、お互いを傷つけ、出血させ、死なせてしまうこともあります。一部の養鶏場では、鶏が苛立ちのために互いをつつき合い、傷つけ合うことを防ぐために、くちばしを切除します。

このような鶏肉や卵を食べるとき、私たちは同時に怒りや苛立ちをも食べています。ですから、食べるものは注意深く選ばなければいけません。怒りを食べれば、あなた自身が怒りになり、怒りを表したくなるのです。絶望を食べれば、絶望した気持ちになります。欲求不満を食べれば、欲求不満になります。

幸せな鶏が産んだ、幸せな卵を食べましょう。怒った牛から採られたものではない牛乳を飲みましょう。自然に育てられた牛から出る、自然な牛乳を飲むべきです。そして酪農家や養鶏家たちがより人道的に動物を育てられるよう、支援しましょう。野菜についても、有機的に育てられたものを選んでください。高価かもしれませんが、その分食べる量を減らせばよいのです。そうすればより少ない量で満足することも覚えられます。

その他の感覚器官から消費する怒り

私たちは目や耳、意識からも怒りを取り込んでいます。文化的なものの消費も怒りと関係していますので、消費活動についての戦略をもつことはとても重要です。雑誌やテレビも時として毒を含んでいます。映画が1枚のステーキと同じように怒りを含んでいることもあります。そのような映画を観ることは、怒りや苛立ちを食べるのと同じです。新聞の記事、人との会話ですら多くの怒りを含んでいることがあります。

寂しくなって誰かとおしゃべりをした、その1時間の会話の中で、相手の言葉に含まれる毒に侵されてしまうこともあります。たくさんの怒りを取り込めば、それは後になって何らかの形ではけ口を求めます。だからこそ、マインドフルな消費がとても重要になります。ニュースを聞くとき、新聞記事を読むとき、誰かと何かについて議論するとき、あなたは無意識で食べているときと同じ種類の毒を取り込んでいるのです。

よりよいものを、より少なく食べる

自分の悲しみや落ち込んだ気持ちを忘れるために、食べることに逃避する人がいます。過食は消化器官に負担を与え、怒りを生じやすくします。また、エネルギーを過剰に生み出します。このエネルギーの扱い方を知らなければ、それは怒りやセックス、暴力のエネルギーへと転化します。

質のよい食事をしていれば、食事は少量で済みます。毎日私たちが食べている量の半分で本来は十分なのです。質のよい食事をするためには、呑み込む前に50回くらい噛むことです。口の中で食べ物が液状になるくらいまで噛んでゆっくり食べると、腸での吸収もとてもよくなります。よく噛んで正しく食べる方が、よく噛まずにたくさん食べるよりもより多くの栄養を得ることができます。

食べることは、深い実践です。私は食べるとき、その一口一口を楽しみます。食べ物そのものを意識し、自分が食べていることを意識します。自分が何を噛んでいるかに意識をもつことで、マインドフルに食べる実践ができます。たまに噛むのを休み、一緒に食事をしている友人や家族、サンガ（仏教の教えを実践する共同体）の存在を感じてもいいでしょう。何の心配もなく、ここに座って噛んでいる、そのことに感謝します。意識をもって食べるとき、私たちは怒りや心配事を噛んでいません。誰かが愛を込めて用意してくれた食べ物を噛んでいます。それはとても心地よいことです。

口の中で食べ物が液状になると、食べ物の香りをより強く味わうことができ、ずっと美味しくなります。今日、この食べ方を試してみてください。自分の口のすべての動きに注意を向けてください。食べ物の美味しさに気づくでしょう。それはバターやジャムなどをつけない、ただのパンでもいいのです。豆乳があってもいいでしょう。私は、豆乳は飲まずに、嚙みます。パンの一片を口に入れ、気づきの意識をもちながらしばらく嚙み、スプーン1杯ほどの豆乳を取ります。口に入れ、意識をもって嚙み続けます。ただ豆乳とパンを嚙むことが、これほど美味しいことをご存じないでしょう。

食べ物が液状になり唾液と混ざれば、もう半分消化されたと同じです。ですから、その状態で胃腸に届けばとても消化しやすくなります。パンと豆乳に含まれる栄養分の多くが体に吸収されます。嚙んでいる間、大いなる喜びと自由を感じることができます。このように食べるとき、自然と食べる量は少なくなります。

食べ物を取るとき、自分の目に気をつけてください。目を信じてはいけません。目が、あなたに必要以上の食べ物を取らせるのです。マインドフルに、喜びをもって食べることができれば、目が欲しがる量の半分で十分なことに気づきます。ズッキーニやにんじん、パン、豆乳などシンプルなものを嚙むだけで、人生最高の食事になるかもしれません。これは素敵なことです。

フランスにある私たちの共同体「プラムヴィレッジ」では多くの人が、このようにとてもゆっくりと、意識をもって噛む食べ方を経験します。一度この食べ方を試してみてください。体が快調になり、そのおかげで精神、意識も調子がよくなるのを感じるでしょう。

私たちの目は、胃よりも大きいのです。自分にとって本当に必要な分量を判断できるように、気づきのエネルギーで目を養ってください。僧や尼僧が使う托鉢の鉢は、「応量器」と呼ばれ、「相応な分を量る器」という意味です。私たちはこの器を使うことで、目に騙されないようにしているのです。食べ物が器のふちまでくれば、もう十分だということが分かるので、私たちはそれ以上取りません。そのような食べ方ができれば、購入する食品も少なくて済みます。購入する食品が少なくなれば、少し高価でもオーガニック食品を買う余裕が生まれます。これは一人で実践しても、家族で実践してもいいでしょう。有機栽培の農家への力強い支援になります。

五つめのマインドフルネス・トレーニング

私たちは皆、愛と奉仕の気持ちに基づいた食事を必要としています。それは知性に基づいた食事です。『五つのマインドフルネス・トレーニング』は、世界と私たち個人を苦しみから解放させるための方法です（全文は付録Bを参照）。その中でも私たちの消費の仕方を深く観るのは、「五つめのマインドフルネス・トレーニング」です。

このマインドフルネス・トレーニングは、マインドフルな消費や、私たちや社会を苦しみから解放する食生活についてのものです。気づきのない消費行動が生み出す苦しみを知り、私たちは以下のことを誓います。

……マインドフルに食べ、飲み、消費することを通して、自分と家族と社会に心身両面の健やかさを育てていくことを誓います。

食べもの、感じ方、思い、意識という四種の栄養の消費の仕方を深く見つめる実践をします。

私は賭けごとをせず、アルコール飲料、麻薬の他、特定のウエブサイトから、ゲーム類、テレビ番組、映画、雑誌、書籍、会話に至るまで、毒性のあるものはけっして摂取しません。

怒りや苛立ち、悲しみに対処したいのであれば、このマインドフルネス・トレーニングに沿って生活してみてください。意識してお酒を飲めば、お酒が苦しみを生み出していることに気づくでしょう。アルコールは体と心を蝕み、最終的には死をもたらします。またアルコール製造のために使われる穀物は、世界の食糧不足にも関係しています。つまり、製造過程でも苦しみを生み出しているのです。食べること、飲むことの気づきは、私たちを苦しみから解放させる洞察をもたらしてくれます。

マインドフルな消費についての戦略を、愛する人や家族と話し合ってみてください。子どもでも理解できることですので、話し合いに参加させてください。何を食べ、何を飲み、どのテレビ番組を観て、何を読み、どのような会話をもつか。これは私たちを守るための戦略です。

自分が摂取しているものに意識を向けずして、怒りやその対処法について語ることは不可能です。それらは相互に作用し合うものです。マインドフルな消費について、周りの人々と話し合ってみてください。私たちはプラムヴィレッジにおいて、怒りや苛立ち、怖れを助長するようなものを一切取らないよう心がけ、自分たちを守るために最善を尽くしています。より意識的に消費するためには、食べ物や、その他の感覚器官から取り込むすべてのものに関して、何をどのように摂取し、いかにより高い質のものをより少なく消費するかを、定期的に話し合う必要があります。

2 怒りの炎を消す

自分の家を守る

誰かが私たちを怒らせるような言動をとると、私たちは苦しみます。そして、相手を苦しめれば自分の苦しみが和らぐと思って、何か言い返したり仕返しをしたりしがちです。「彼を罰したい、苦しめたい。私のことを苦しめたのは彼なのだから、彼が苦しむのを見れば私の気持ちもおさまる」と考えます。

多くの人が、このような子どもじみた考えに陥りがちです。でも実際は、あなたが相手を苦しめれば、その相手は自分の苦しみを減らそうとあなたをさらに苦しめようとします。その結果、両者の苦しみが増長します。両者に必要なのは思いやりと助けであって、罰することではありません。

怒りを感じたら、まずは自分に戻って、怒りと向き合ってください。誰かがあなたを苦しめたら、自分に戻り、その苦しみや怒りの世話をするのです。何か言い返したり仕返しをしたりしてはいけません。怒っているときの言動は、関係をさらに悪化させるだけです。

でも、これを実行する人はあまり多くありません。私たちは自分に戻ろうとはせず、相手を罰しようと相手の後を追いかけたくなるのです。

もしあなたの家が火事になったら、最初にすべきことは自分の家に戻って火を消すことで、放火魔の後を追うことではないでしょう。放火魔を追いかけていたら、その間に家は全焼してしまいます。これは賢明ではありません。まず家に戻り、火を消すことです。あなたが怒った状態で相手と関わったり口論を続けたり、相手を罰しようとしているのなら、それは家が炎に包まれているときに放火魔を追いかけるのとまったく同じことをしているのです。

炎を静める道具

ブッダは私たちの中にある炎を消すためにとても有効な道具を与えてくれました。それは、マインドフルな呼吸、マインドフルな歩行、怒りを受け入れる方法、自分のものの捉え方の性質を深く観る方法、相手を深く観て、相手の苦しみや、相手もまた助けを必要としていることに気づく方法などです。これらはブッダが直接説いた、とても実践的な方法です。

マインドフルに息を吸うことは、空気が体に入ってくることに気づくこと、マインドフルに息を吐くことは、体が空気の入れ替えを行っていることに気づくことです。

こうすることで、あなたは空気と自分の体とに触れています。そして、この間ずっと心は集中しているので、同時に心にも触れています。自分や自分の周りのものに意識を戻すためには、マインドフルな呼吸をただ1回するだけでよく、その状態を保つにはマインドフルな呼吸を3回行えばよいのです。

立つ、座る、横になる以外の動作をしているとき、あなたはいつもどこかに向かっています。でもどこに向かっているのですか？　あなたはすでに着いているのです。踏み出す一歩ごとに、この瞬間に、浄土にたどり着いています。部屋の中を歩くとき、または一つの建物から別の建物まで歩くとき、足が地についている感覚や、空気が体に入ってくる感覚に意識を向けてください。息を吸う間、吐く間にそれぞれ何歩ずつ歩くのがちょうどよいかが分かると、もっとやりやすいでしょう。息を吸いながら心の中で「吸って」、吐きながら「吐いて」と言ってみてください。そうすれば一日中、歩く瞑想の実践をしていることになります。これはいつでもできる実践で、だからこそ私たちの日常生活を変容させる力をもっているのです。

さまざまな宗教や精神文化についての本を読んだり儀式を行ったりすることが好きな人はたくさんいますが、実際に教えを実践しようという人は少ないようです。実践する意志さえあれば、いかなる宗教や精神文化に属していようと、教えは私たちを変容させることができます。炎の海を、澄みわたる湖に変えることができます。そうすれば、私たちは苦しみを終わらせるだけでなく、周りの人々にとって喜びと幸せの源になることができます。

怒っているとき、どんな顔をしていますか？

怒りがこみ上げてきたら、鏡を取り出して自分を見てください。怒っているとき、あなたは人に見せられるような美しい顔をしていません。顔にある何百という筋肉がこわばり、今にも爆発しそうな爆弾のような顔になっています。ですから、怒ったときに自分の顔を見ることは大きな助けになります。これは「マインドフルネスの鐘」（P117参照）です。自分のそのような姿を見れば、何とかして変えようと思います。もっと美しくあるためにお化粧は必要ありません。静かに穏やかな呼吸をし、マインドフルに微笑みさえすればよいのです。怒りは精神的、心理的な現象ですが、同時に生物学的、生化学的な要素にも密接に関係しています。鏡を見て静かに息を吸い、微笑みながら息を吐けば、張りつめていたものが緩むのを感じるでしょう。微笑みは、私たちの中にマインドフルネスのエネルギーを生み出し、怒りを受け入れるのを助けてくれます。

その昔、王や女王に仕える者は常に鏡を持っていました。王の前に出るときには、身なりも完璧である必要があったため、人々は小さな鏡の入った袋をエチケットとして持ち歩きました。鏡を持ち歩いて、心の状態を知るためにたまに鏡を見てみてください。何度か呼吸をして自分に微笑みかければ、こわばりは消え、心も和らぐでしょう。

マインドフルネスの光で怒りを受け入れる

怒りは、泣きわめく赤ん坊のようなものです。赤ん坊には、抱いてなだめてくれる母親が必要です。あなたは、あなたの赤ん坊、つまり怒りの母親です。マインドフルな呼吸を実践し始めた瞬間から、あなたには赤ん坊をあやし包み込む母親のエネルギーが生まれます。ただ怒りを受け入れること、ただ息を吸い、吐くこと、これだけで十分です。赤ん坊はすぐに安心します。

植物は太陽の光を受けて育つため、太陽の光にとても敏感です。太陽の光に包まれるとすべての植物は変容します。朝、まだ花は開いていなくても、太陽が出るとその光は花を包み込み、花に浸透していきます。太陽の光は小さな光の粒子、光子《こうし》からできています。光子が徐々に花に浸透し、花が光子で満たされると、花はもう耐えきれずに、太陽に向かって開くしかなくなります。

これと同じように、私たちの心の形成物や生理学的な形成物はすべて、マインドフルネスに敏感です。マインドフルネスが体を包み込めば、体は変容します。もしマインドフルネスが怒りや悲しみを包み込めば、それらも同じように変容します。ブッダの経験、そして私たちの経験によれば、マインドフルネスのエネルギーに包み込まれたものはすべて変容を遂げるのです。

怒りは花のようなものです。はじめのうちは怒りの性質や、それがこみ上げてきた理由がよく理解できないかもしれません。でも、マインドフルネスのエネルギーで包み込むことができれば、その花は開き始めます。座って呼吸に意識を向けたり、歩く瞑想の実践をとおしてマインドフルネスのエネルギーを生み出し、怒りを包み込みます。10分か20分経てば、怒りはあなたに向かって花開かざるを得なくなります。そして、あなたも怒りの本質を理解するでしょう。それは誤った認識や未熟さのために生じただけなのかもしれません。

怒りを料理する

怒りの花を開かせるためには、マインドフルネスのエネルギーをしばらく保ち続ける必要があります。これはじゃがいもを茹でるのと似ています。じゃがいもを茹でるとき、まず鍋にじゃがいもを入れてフタをし、火にかけます。でも、たとえ強火でも、5分で火を止めてしまったらまだ火は通っていません。じゃがいもの中まで火を通すためには、15分か20分間は火を燃やし続けなければいけません。その後でフタをとれば、茹で上がったじゃがいもの素晴らしい香りが立ちこめます。

あなたの怒りも同じようなものです——中まで火を通す必要があるのです。はじめは生のままです。生のじゃがいもは食べることができません。怒りもはじめはとても楽しめるものではありませんが、対処の仕方、つまり料理の仕方を知っていれば、怒りの負のエネルギーは、理解と思いやりの正のエネルギーに変わります。

これはあなたにもできます。15分で怒りというゴミを、思いやりの花に変えることができる人もたくさんいます。秘訣は、マインドフルな呼吸、マインドフルな歩行を続け、マインドフルネスのエネルギーを生み出して怒りを受け入れることです。

怒りを大いなるやさしさで包み込んでください。怒りはあなたの敵ではなく、あなたの赤ん坊です。胃や肺のようなものです。胃や肺に痛みを感じる度に、胃や肺を捨ててしまおうとは思わないでしょう。怒りも同じです。怒りをポジティブなエネルギーに変容できることを知っていれば、怒りを受け入れることができるのです。

ゴミを花に変える

有機菜園をもつ人は、生ゴミを捨てようとは思いません。生ゴミを堆肥に変えれば、その堆肥から野菜や花を再び育てることができるからです。実践者として、あなたも有機菜園を育てているようなものです。

怒りと愛はどちらも有機的なものです。ということは両者とも変わり得るということです。愛は憎しみに変容することがあります。皆さんもこれはよくご存じでしょう。私たちの多くは熱烈な激しい愛をもって恋愛を始め、パートナーなしでは生きていけないと思うほどになります。でもマインドフルネスの実践をしていなければ、その愛が憎しみに変容するのに1、2年もかかりません。憎しみが生まれ始めたパートナーと一緒にいると、以前とは正反対に最悪の気持ちになり、一緒に暮らすことはもはや不可能で、離婚しか道はなくなります。愛が憎しみに変わったのです。花が生ゴミになったのです。でもマインドフルネスのエネルギーとともにあれば、ゴミを見ても「私は怖くありません。私はこのゴミを愛に変えられます」と言えるのです。

もしあなたの中に、怖れ、悲しみ、憎しみなどのゴミの要素を見つけても、パニックに陥ってはいけません。有機菜園のよき庭師として、よき実践者として、あなたはこれに対処することができます。「私は自分の中にゴミがあることを知っています。私はこのゴミを、再び愛を育てられる、養分豊かな堆肥に変えます」と考えることができます。

実践に自信のある人は、難しい人間関係から逃げ出そうとはしません。マインドフルな呼吸、マインドフルな歩行、マインドフルな座法、マインドフルな食事の方法を知っていれば、マインドフルネスのエネルギーであなたの怒りや悲しみを受け入れることができます。ただ受け入れるだけで心は安らぎます。そして、受け入れながら怒りの本質を深く観る実践をするのです。

実践には二つの段階があります。第一段階は受け入れ、認識することです。「親愛なる私の怒り、私はあなたがそこにいることを知っています。私はちゃんとあなたに対処します」と怒りがあることを認めます。第二段階は、怒りがどのように生じたのか、その本質を深く観ることです。

赤ん坊の世話をする

あなたは赤ん坊が泣くのを聞く母親のようにならなければいけません。もし母親が料理をしているときに赤ん坊が泣くのを聞いたら、手を止めて、赤ん坊のめんどうを見に行くでしょう。彼女はとても美味しいスープを作っていたかもしれませんが、それを中断してでも赤ん坊の部屋に行かなくてはなりません。赤ん坊のそばにいる母親はまるで太陽のように、あたたかみ、配慮、やさしさに溢れています。まず母親がすることは赤ん坊を抱き上げ、やさしく胸に抱くことです。母親が赤ん坊を抱くと、彼女のエネルギーが浸透し、赤ん坊を安心させます。怒りがこみ上げてきたら、まさにこのようにできなければいけません。あなたの最も重要な任務は、自分自身に戻り、怒りという赤ん坊の世話をすることですから、していることをすべて中断しなければいけません。赤ん坊のめんどうを見ること以上に急を要することはありません。

母親はマインドフルネスとともに全意識を集中して赤ん坊を抱いています。母親は赤ん坊をただ抱いているのではなく、なぜ泣いているのかを知ろうとします。彼女はとてもよくできた母親ですから赤ん坊に何が起きたのか、すぐに分かります。彼女は赤ん坊の専門家です。

意識を集中させて赤ん坊を抱くことで、母親は何が赤ん坊を苦しめているのかをすぐに発見します。それが分かれば、状況を改善するのはとても簡単です。赤ん坊が熱を出しているのであれば、熱を下げる薬をあげればよいのです。お腹がすいているのなら、あたたかいミルクを飲ませればよいのです。おむつがきついのなら、緩めればよいのです。

実践者として、私たちも怒りの専門家でなくてはいけません。怒りに意識を向け、怒りの根とその仕組みを理解できるまで実践しなければいけません。気持ちを和らげるために、心を集中して赤ん坊、つまり怒りを抱き、子守唄を唄うように、マインドフルな呼吸、マインドフルな歩行を実践します。母親のエネルギーが赤ん坊のエネルギーに浸透していくのとまったく同じように、マインドフルネスのエネルギーが怒りのエネルギーに浸透していきます。この実践を知っていれば、5分、10分、または15分もあれば気持ちを落ち着かせることができます。

怒りの本質を見る

怒りを感じた瞬間、私たちはその苦痛は他者が引き起こしたものだと思いがちです。自分の苦しみのすべてを彼か彼女のせいにします。でも深く観ると、あなたの中にある怒りの種こそが苦しみの主な原因であることに気づくかもしれません。同じ状況に直面したほかの多くの人たちは、あなたのように怒りません。同じ言葉を聞き、同じ状況を見ても、彼らは興奮することなく冷静なままでいられるのです。なぜあなたはそう簡単に怒るのでしょう？　あなたの怒りの種が強過ぎるために、怒りやすいのかもしれません。これまで怒りに対処する実践をしてこなかったために、怒りの種に水をやり過ぎてしまっていたのかもしれません。

私たちは皆、意識の奥底に怒りの種をもっています。でも人によって、怒りの種が、愛や思いやりなどほかの種に比べて大きいことがあるのです。怒りの種がほかの種より大きいのは、これまで実践をしていないためかもしれません。マインドフルネスのエネルギーを養い始めると最初に得られる洞察は、苦しみや悲しみの主な原因は、他者ではなく、自分の中にある怒りの種だということです。すると、自分を苦しめたと他者を責めなくなります。相手は二次的要因でしかないことに気づくのです。

このような気づきを得られるととても安心しますし、気分も楽になります。でも相手のほうは実践の方法を知らないためにまだ地獄にいるままかもしれません。自分の怒りに対処できると、相手がまだ苦しんでいることに気づきます。そうなれば、注意を相手に向けてもよいでしょう。

罰ではなく助けを

自分の苦しみをどう扱うべきかが分からないとき、人は自分の周りにいる人々にそれをばらまき、周りの人たちをも苦しめます。これはとても自然なことです。だからこそ、そうしないために、苦しみの扱い方を学ぶ必要があるのです。

仮にあなたが家族の長で、家族の幸せをとても大切に考えているとします。自分の苦しみによって家族を傷つけるようなことは決してしたくありません。あなたは、自分の苦しみや幸せが自分個人だけの問題ではないことを知っているので、苦しみに対処しようと実践します。

ある人が怒って、怒りの扱い方を知らないとき、どうすることもできずにとても苦しみます。そして周りの人も苦しめます。はじめはあなたも、その人があなたを苦しめたのだから、その人を罰したいと思います。でも10分か15分、マインドフルな歩行やマインドフルに観る実践をすると、その人に必要なのは助けであって、罰ではないことに気づきます。これはよい洞察です。

この人は、あなたの妻や夫など、身近な人かもしれません。もしあなたが助けなければ、誰が助けるのですか？

怒りの受け入れ方を学び、あなたの気持ちがずっと楽になると、相手がまだ苦しみ続けていることに気づきます。この洞察を得ると、相手のところに行ってあげたくなります。あなた以外、誰も助けられる人はいません。あなたは相手を助けに行きたいという気持ちでいっぱいになります。これは、罰したいという思いとはまったく別の思考です。あなたの怒りは思いやりに変容したのです。

マインドフルネスの実践は、集中と洞察をもたらします。洞察は、私たちが許し、愛することを助けてくれます。15分、30分のマインドフルネスの実践、集中、洞察は、あなたを怒りから解放し、愛深い人に変えることができるのです。これが真理の強みであり、真理がもたらす奇跡です。

怒りの連鎖を断ち切る

毎年、夏になるとプラムヴィレッジに来て、若い子たちと実践をともにしていた12歳の少年がいました。彼は父親との間に問題を抱えていました。彼の父親は、彼が何かミスをしたり転んでけがをしたりすると、「お前はバカか！　何をやってるんだ！」などとひどい言葉を浴びせていたのです。ですからこの少年は、彼の父親を愛深い、よい父だとは思えずにいました。彼は将来、自分の子どもたちには絶対に同じことはしないと自分に誓いました。もし自分の子どもが遊んでいてけがをしても、息子を怒鳴りつけたりせず、抱き上げて助けよう、と自分に言い聞かせていました。

この少年が2年目にプラムヴィレッジに来たとき、彼は妹を一緒に連れてきました。妹がハンモックでほかの女の子たちと遊んでいるときに、突然彼女がハンモックから落ちてしまいました。彼女は石に頭をぶつけ、血が顔を伝って流れ始めました。少年の中に、突如として怒りのエネルギーがこみ上げてきました。彼はもう少しで妹に向かって「お前はバカか！　何をやってるんだ！」と怒鳴りそうになりました。彼は、自分の父親が自分にしていたこととまったく同じことをするところだったのです。でも少年は夏に二度、プラムヴィレッジで教えを実践していましたから、自分を止めることができました。怒鳴る代わりに、ほかの人たちが彼女を助けている間、マインドフルな歩行とマインドフルな呼吸を始めました。そしてたった5分の間に、彼は悟りの瞬間を経験しました。彼は、自分のものごとへの反応や怒りは父親から受け継がれた、習慣のエネルギーだということに気づいたのです。

12歳の少年にとって、これは大いなる目覚めです。彼は、将来の自分の子どもにこれを引き継がせないように、この習慣のエネルギーを変容させたい、そのために実践したいという思いでいっぱいになりました。彼は、マインドフルネスの実践だけがこの苦しみの連鎖を断ち切ることができるものだと分かっていました。

また少年は、彼の父親も怒りを受け継いでしまった被害者であることに気づきました。父親も少年に対してそのような態度をとりたくはなかったのに、彼の習慣のエネルギーが強過ぎるあまりにそうしてしまっていたのかもしれない、と。父親も怒りの連鎖の被害者であるという気づきを得られた瞬間、父親に抱いていた怒りは消えてなくなりました。数分後、彼は家に戻り、父親も実践に参加するように誘いたい思いでいっぱいになりました。少年にとっては、これは大きな気づきです。

よい庭師

相手の苦しみを理解すると、相手を罰したいという欲求を、相手を助けたいという気持ちに変容させることができるようになります。このとき、あなたの実践は成功しているのです。あなたはよい庭師です。

私たちは皆、自分の中に庭をもっています。実践者は庭の手入れをしなくてはいけません。長い間、放っておいたことがあったかもしれません。でも、自分の庭で何が起きているのかを正確に把握するのは大切なことで、そこにあるものを整理しておかなくてはいけません。あなたの庭の美しさ、調和をもう一度取り戻してください。よく手入れされていれば、あなたの庭をたくさんの人が楽しむことができます。

自分を大切にすることは相手を大切にすること

私たちは子どもの頃、父親や母親に呼吸の仕方、歩き方、座り方、食べ方、話し方などを教わりました。しかし実践を始めるということは、精神的存在として再び生まれ変わるということです。ですからもう一度、マインドフルな呼吸の仕方、マインドフルな歩き方を学び直さなくてはいけません。マインドフルネスと思いやりとともに聴くことを学び直します。最初の誓いを守るために、愛をもって語る方法を学び直すのです。そのために大切な三つの文があります。

①「私は怒っています。私は苦しんでいます。あなたにそれを知ってほしいのです」

……これはあなたが自分の誓いに誠実であることを表しています。

②「私は最善を尽くしています。私のため、そしてあなたのためにもこの怒りに対処しようとしています。怒りを爆発させて自分やあなたを破壊したくありません。私は最善を尽くしています。私は師やサンガから学んだことを実践しようとしているのです」

……このような誠実な態度は、相手の心の中にあなたへの敬意と信頼を生み出します。

③「助けてください」

……この最後の文はとても力強い言葉です。普通私たちが怒るときは「あなたなんて必要ない」と言ってしまいがちだからです。

もしこの三つの文を心から誠意をもって言うことができれば、相手の心の中で変容が起こります。この実践の効果を疑ってはいけません。あなたのふるまいだけで、相手に実践を始めさせるほどの影響を与えることもあるのです。「彼は私にとても誠実でいる。彼は自分の誓いを守ろうとしている。彼は最善を尽くしているのだから、私も同じようにしなくては」と彼女は考えます。

このように、自分自身を大切にすることで、愛する人のことをも大切にしているのです。自分を愛することは、他者を愛する能力の基盤です。もしあなたが自分を大切にしなければ、あなたが幸せでなければ、あなたの中に平和がなければ、相手を幸せにすることなどできません。相手を助けることはできません。愛することもできません。人を愛する能力は、自分を愛し、大切にできるかどうかにかかっているのです。

傷ついた内なる子どもを癒す

多くの人々の中に、傷ついた子どもが今も生き続けています。その傷は、父親や母親が原因かもしれません。父親も母親も、子どもの頃に傷を負ったのかもしれません。傷を癒す方法を知らなかったために、親は私たちにその傷を引き継いでしまっているのかもしれません。もし私たちがその傷を変容させ、癒す方法を知らなければ、子どもや孫の代までその傷を引き継いでしまいます。だから私たちは、自分の中の傷ついた子どものもとへ戻り、その子を癒す手助けをしなければいけないのです。

時として傷ついた子どもは、意識の奥底から現れて、あなたの関心を100パーセント向けるように要求するかもしれません。もしもあなたがマインドフルネスとともにあれば、その子が助けを求める声が聞こえるでしょう。そのときは、美しい日の出に見入る代わりに、その子のもとへ戻り、自分の中の傷ついた子どもをやさしく抱擁してあげてください。「息を吸い、自分の中の傷ついた子どものもとへ帰る。息を吐き、自分の中の傷ついた子どもの世話をする」と心の中で唱えてください。

自分を大切にするためには、自分の中にいる傷ついた子どものもとへ行き、その子の世話をしてあげなければいけません。毎日その子のもとへ行き、やさしく抱擁し、語りかけてください。そして、「あなたがいることは分かっています。あなたの傷を癒すためなら何でもします」とその子に宛てた2、3枚の手紙を書いてください。

思いやりをもって聴く、というと誰かほかの人の話を聴くことを考えがちです。でも私たちは、自分の中にいる傷ついた子どもにも耳を傾けなくてはいけません。傷ついた子どもは、今この瞬間もここにいます。そして私たちは今すぐにその子を癒すことができるのです。「私の中の傷ついた小さな子、私はあなたのためにここにいます。あなたの話を聴く用意ができています。あなたの苦しみ、痛みをすべて話してください。私は耳を澄ましてここにいます」と語りかけてください。

もしあなたがこのように毎日その子のもとに戻り、5分から10分耳を傾けることができれば、癒しが起きるでしょう。あなたが美しい山に登るとき、その子も一緒に登るように誘ってください。美しい夕日を眺めるとき、一緒に楽しめるように声をかけてください。これを数週間か数ヶ月続ければ、あなたの中の傷ついた子どもは癒されます。マインドフルネスは、この助けとなるエネルギーです。

自由な人になる

1分間実践することは、マインドフルネスのエネルギーを1分間生み出すことです。それは外から生じるものではなく、あなたの中から生まれるものです。マインドフルネスのエネルギーは、「今、ここ」に完全に在ることを助けてくれます。

マインドフルにお茶を飲むとき、体と心は完全に一つになっています。しかし、にぎやかに音楽が流れるカフェで、たくさんの仕事で頭がいっぱいの状態で座っているとき、あなたは実際にはコーヒーやお茶を飲んでいません。あなたは自分の仕事や心配事を飲んでいます。あなたはそこにおらず、コーヒーもそこにはないのです。あなたが自分に戻り、真にそこに存在し、過去や未来や心配事から自由に解き放たれているときにのみ、コーヒーや紅茶はあなたの前に現実として姿を現します。そのとき、あなたとお茶の出会いも現実のものとなります。これが本当にお茶を飲む、ということです。

真にそこに存在する実践を友人と共有するために、お茶の瞑想会を設けてもよいでしょう。一杯のお茶とお互いの存在をただ楽しみます。お茶の瞑想は私たちを自由にする実践です。もしあなたがいまだに過去に縛られていたり、将来に恐怖を感じていたり、仕事や怖れ、不安や怒りによって我を忘れてしまっているのなら、あなたは自由ではありません。あなたは「今、ここ」に完全に存在していないので、人生に触れることができていません。お茶も友人も青空も花も、あなたが触れられるところにありません。本当に生き、人生に深く触れるためには、自由にならなければいけません。

マインドフルネスを養うことは、あなたが自由になることを助けてくれます。

マインドフルネスのエネルギーは、体と心を一つにして今という瞬間に存在するエネルギーです。マインドフルな呼吸やマインドフルな歩行を実践すると、過去や未来、仕事の心配事から自由になり、再び本当に生き、「今」に存在できるようになります。自由とは、人生に触れ、青空、木々、鳥、お茶、そばにいる友人に触れるための基本的な条件です。だからこそ、マインドフルネスの実践がとても重要なのです。できるようになるために何ヶ月も必要はありません。1時間も実践すれば、より気づきを感じることができます。マインドフルにお茶を飲み、お茶を飲みながら自由になる練習をしてみてください。朝食を作りながら自由になる練習をしてみてください。1日の中のすべての瞬間が、マインドフルネスの練習をし、マインドフルネスのエネルギーを生み出すチャンスです。

「あなたがいてくれて私はとても幸せです」

マインドフルネスとともにあると、愛する人も含め、この瞬間にあるすべてのものに気づくことができます。愛する人に「あなたがそこにいることを知っています。私はとても幸せです」と言えるなら、あなたは自由な人であることの証拠です。あなたはマインドフルネスとともにあり、この瞬間に起きていることを大切にし、感謝する力があることの証です。今この瞬間に起きていることが人生のすべてです。あなたは今、生きていて、愛する人もあなたの前で今、生きているのです。

自分の中にどれだけマインドフルネスのエネルギーを養うことができるかがとても重要です。相手を包み込むのはマインドフルネスのエネルギーだからです。あなたが愛をもって相手を見つめ、「あなたがここに生きて存在してくれていることは素晴らしいことです。私はとても幸せです」と言うとき、あなただけでなく、あなたのマインドフルネスのエネルギーで包まれた相手も幸せになります。このように相手と一緒にいることができれば、怒りが生じる可能性はすでにかなり小さくなっています。

これは誰にでも実践でき、何ヶ月も要りません。1～2分、マインドフルな呼吸か歩行を行うだけで、自分を「今、ここ」に取り戻し、生きている実感を取り戻すことができます。そのうえで相手のところに行き、彼の目を見て微笑み、こう言います。「あなたがここに生きているのは素晴らしいことです。私はとても幸せです」と。

マインドフルネスはあなたと相手を幸せにし、自由にしてくれます。たとえ相手が心配事や怒りにとらわれていても、マインドフルネスとともにあれば、あなたはパートナーと自分自身を救うことができるのです。マインドフルネスはブッダのエネルギーであり、悟りのエネルギーです。ブッダはあなたがマインドフルネスとともにある限り常にそこに存在し、その愛の中に二人を抱いています。

3 真実の愛の言葉

和平交渉

一人で効果的な実践を行うのは簡単ではないので、私たちは家族や精神的に支え合える仲間とともに実践を行います。私たちは皆、協力者が必要です。これまではお互いを苦しめ合い、怒りを助長させる協力者であったかもしれません。でも今からは、悲しみや怒り、不満に対処するための協力者となりましょう。平和のための戦略についての交渉をしましょう。

愛する人と和平交渉を始めてください。「これまで私たちはお互いのことをさんざん苦しめ合ってきました。私たちはどちらも怒りの犠牲者です。互いに相手に地獄のような思いをさせてきました。私は今、この状況を変えたいのです。お互いを守り、実践し合い、それぞれの怒りをともに変容させる仲間になりたいのです。マインドフルネスの実践に基づき、二人でよりよい生活を築き直しましょう。そのためには、あなたの協力が必要です。力を合わせなければ、あなたなしでは実現できないのです」。これらの言葉を、あなたのパートナー、息子、娘に伝えなければなりません——今こそがその時です。これは目覚めです。これは愛です。

法話を5分間聞いただけでも、ある程度の悟りを得られるかもしれません。でも、それを家にもち帰って日常生活に生かすためには、その悟りを日常生活においても維持し続けなければいけません。あなたの中で悟りの意識が目覚めるにつれて、混乱や無知は引き下がるしかなくなります。それはあなたの思考だけでなく、身体や生き方にも影響を与えます。ですから、愛する人やパートナーとともに平和のための戦略、消費のための戦略、自分たちを守るための戦略について交渉することはとても大切なことです。もうこれ以上お互いを苦しめないように交渉を成立させるためには、あなたは才能や交渉力などあなたがもつ最善のものをもって臨まなければいけません。新しくやり直し、自分自身を変えようとしているのはあなたですから、相手を説得できるかどうかはあなた次第です。

コミュニケーションの再構築

父親と5年間、口をきかなかったアメリカ人の若者がいました。ある日、彼はブッダの教えに出会い、深く影響を受けました。彼は自分の人生を変えたい、新しくやり直したいと思い、僧侶になる決心をしました。彼はとても熱心な態度でプラムヴィレッジのサンガに3〜4ヶ月滞在し、僧侶になる決意と能力があることを証明しました。

彼は、私たちのセンターに来たその日から、マインドフルな消費、歩く瞑想、座る瞑想など、サンガで行われるすべての活動に参加しました。

このような生活のおかげで彼自身の内なる調和がとれたため、彼は毎週父親に手紙を書くことができました。一切返事を期待することなく、自分がしている実践のことや日々感じる小さな喜びについて父親に書き綴りました。6ヶ月後、彼は電話をとり、注意深く息を吸い、吐きました。そして、家の番号をダイヤルすると、父親が電話に出ました。父親は彼が僧侶になったことを知っており、そのことをとても怒っていました。父親が最初に発した言葉は「まだあのグループのところにいるのか？ まだ僧侶なのか？ お前の将来はどうなっているんだ？」というものでした。若者は答えました。「お父さん、今僕の最大の関心は、いかにお父さんとよい関係を築けるかなんだ。そうすれば僕はとても幸せになれる。これが今、僕にとって一番重要なことなんだ。もう一度話ができるようになること、もう一度仲良くなること、将来のことも含めて、これが僕の唯一の懸案事項なんだ」

父親は長い間、黙ったままでした。若者はひたすら自分の呼吸を意識し続けました。ようやく父親が「分かった、受け入れよう。それは私にとっても重要なことだ」と口を開きました。父親が息子に感じていたのは怒りだけではなかったのです。数々の手紙の中で若者が綴った美しい内容が、父親の中のポジティブな要素を育てたのでしょう。この日から、父親は毎週彼に電話をかけてくるようになりました。コミュニケーションは再開され、父親と息子、両者にとっての幸せが現実のものとなったのです。

平和はあなたから始まる

コミュニケーションの扉さえ開いていれば、不可能なことはありません。ですから、心を開き、コミュニケーションを回復させる実践に自分自身を投入しなくてはいけません。相手と和解したいという意志や思いを表現するのです。相手に協力を求めてください。「私たちのコミュニケーションが、私にとって一番重要なことです。私たちの関係が一番大切で、それ以上重要なことはありません」と伝えてください。

あなたから交渉を始めなければいけません。相手がどれだけできるかにかかわらず、あなたは自分にできるすべてのことをしなくてはいけません。自分を100パーセント投入するのです。あなたが自分に対してできるすべてのことを、相手のためにするのです。待っていてはいけません。「あなたが和解のために努力をしないなら、私も努力しない」などと条件をつけてはいけません。これではうまくいきません。平和、和解、そして幸せはあなたから始まるのです。

相手が変わったり、態度を改めたりしなければ状況は何も改善しないと思うのは間違いです。さらなる喜び、平和、調和を生み出す方法は常に存在し、あなたの手の届くところにあります。あなたの歩き方、呼吸の仕方、微笑み方、反応の仕方、これらすべてがとても大切です。ここから始めなくてはいけません。

コミュニケーションにはたくさんの方法がありますが、最善の方法は、あなたが怒りや非難の気持ちをもうもっていないことを示すことです。相手を理解し、受け入れていることを示すのです。言葉だけではなく、あなたのあり方——思いやりに満ちたまなざしややさしさに満ちた行動——によってこれらを伝えるのです。あなたがさわやかで、一緒にいて心地よい存在であるだけでも、すでに大きな変化をもたらします。そうすれば、誰もがあなたのそばに寄ってきたくなります。涼やかな木陰をもつ木、清々しい水が流れる小川のようになるのです。あなたの存在そのものが朗らかで楽しいので、人も動物もあなたのそばに来たくなります。あなたから始めれば、コミュニケーションを取り戻すことは可能になり、その結果、相手も自然に変わっていきます。

和平協定

私たちは愛する人にこう伝えます。「これまで私たちは、どちらも怒りに対処することができずお互いをさんざん苦しめてきました。これからは怒りにきちんと対処できるよう、戦略を立てましょう」

真理は怒りの炎、苦しみの熱を消し去ることができます。真理は、「今、ここ」に喜びと平和をもたらすことのできる知恵です。平和と和解の戦略は、真理に基づいたものでなければいけません。

怒りのエネルギーがこみ上げてきたとき、私たちは苦しみの原因となっている「その人」に、怒りをぶつけ、罰したい気持ちになります。これは私たちの中にある習慣のエネルギーです。私たちは苦しいとき、いつも自分を苦しめた相手のせいにして、怒りがそもそも自分の問題であることに気がつきません。怒りはまず自分自身に責任があるのですが、私たちは単純にも、相手を罰することができれば自分の苦しみが軽減すると信じています。このような考えは追い出さなければいけません。怒っているときの言動は関係をより悪化させるだけです。怒りを感じているときは、何も言ったり行動を起こしたりしないよう心がけなければいけません。

相手をおとしめることを言ったり、何か仕返しをすると、あなたの怒りはさらに大きくなります。相手を苦しめれば、相手は自分の苦しみを晴らすためにあなたに言い返したり仕返しをしようと必死になります。こうして争いは増長していくのです。これは過去にさんざん繰り返してきたことなのに、二人はそこから何も学びません。相手を罰しようとすれば、状況は悪化するだけです。

相手を罰することは自分自身を罰することです。これはすべての状況に当てはまります。アメリカがイラクを制裁しようとする度に、イラクが苦しむだけでなくアメリカも苦しみます。イラクがアメリカを制裁しようとする度に、アメリカも苦しみますが、イラクもまた苦しみます。これは、イスラエル人とパレスチナ人、イスラム教とヒンズー教、あなたと相手、世界中のどこにでも当てはまることです。ずっとその繰り返しでした。もう、お互いに目を覚まし、相手を罰することが賢い戦略ではないことに気づきましょう。あなたも相手も、どちらも賢明な人たちです。その賢明さを生かしてください。怒りに対処する戦略を話し合い、合意してください。怒りに任せた言動をとらないこと、自分に戻り、マインドフルな呼吸や歩行の実践をとおして怒りに対処することを約束してください。

二人で一緒にいて楽しいときを利用して、この契約――和平協定、真の愛の協定――に署名してください。この和平協定は、政党が署名するようなものでなく、完全に愛に基づいて書かれ、署名されるものでなくてはなりません。

怒りを受け入れる

ブッダは、怒りを抑えなさいとは一度も説いていません。自分自身に戻り、きちんと対処するようにと説かれました。腸、胃、肝臓など体に何か異常を感じるとき、私たちは立ち止まって体をいたわります。マッサージをしたり、湯たんぽを使ったり、体をいたわるためにできる限りのことをします。

内臓とまったく同様に、怒りも私たちの一部です。怒りを感じたら、自分に戻り、自分の怒りをいたわってあげなければいけません。「怒りよ、あっちへ行け。どこかへ行ってしまえ。お前なんかいらない」などと言ってはいけません。お腹が痛いとき、「お腹なんかいらない、あっちへ行ってしまえ」とは言わず、お腹を大事にするでしょう。同じように、私たちは怒りを抱きしめ、いたわらなければいけません。あるがままの状態を認識し、抱擁し、微笑みます。これができるように助けてくれるのはマインドフルネスです。マインドフルな歩行であり、マインドフルな呼吸です。

幸せは個の問題ではない

それは怒りを隠さなければいけないという意味ではありません。あなたが怒り、苦しんでいることを、相手に伝える必要があります。これはとても重要なことです。怒っていないふり、苦しんでいないふりはしないでください。もし相手があなたにとって大切な人であるならば、あなたが怒っていること、苦しんでいることを告白しなくてはいけません。ただし、落ち着いて相手に伝えるのです。

真の愛にプライドはありません。苦しんでいないふり、怒っていないふりをするのは、プライドによるものです。「怒る？　私が？　なぜ私が怒らなければならないの？　私は大丈夫」。でも実際は、大丈夫ではなく、地獄にいるかのようです。怒りがあなたを燃やし尽くそうとしています。ですからパートナーに、息子に、娘にそれを伝えてください。

私たちは「幸せになるためにあなたなんて必要ないわ！　私は一人でいいの！」と言いがちです。そして自分の部屋に入り、鍵をかけ、いかに相手が必要ないかを最大限に示そうとします。これはとても人間らしい、よくある傾向ですが、賢明な態度ではありません。これは二人ですべてを分かち合うという最初の誓いに反しています。幸せは一人の問題ではありません。もしあなた方のどちらかが幸せでなければ、相手が幸せでいることは不可能なのです。

1　「私は怒っています。私は苦しんでいます」

「愛している」と伝えるのはよいことですし、大事なことです。喜びやよい気持ちを愛する相手と分かち合うのは自然なことです。でも苦しいとき、怒っているときも、あなたの気持ちを相手に伝えなくてはいけません。これが真の愛です。できるだけ穏やかに伝えてください。声に悲しみが表れるかもしれませんが、それは構いません。とにかく相手を罰したり責めたりすることだけは言ってはいけません。「私は怒っています。苦しんでいます。あなたにそれを知ってもらう必要があるのです」。お互いを支え合うという誓いを立てた二人にとって、これは愛の言葉です。

苦しいとき、あなたにはそれを相手に伝える義務があります。幸せなときは幸せを相手と分かち合ってください。苦しいときは愛する人にあなたの苦しみを伝えてください。たとえ苦しみが相手によって引き起こされたと思う場合でも、約束を守らなくてはいけません。落ち着いて相手に伝えるのです。愛をもって話すこと、これが唯一の条件です。

できるだけ早く伝えてください。24時間以上、怒りや苦しみを自分の中だけにとどめていてはいけません。伝えなければ、怒りは過剰になり、毒となります。すぐに伝えられないということは、あなたが相手のことを十分に愛し、信頼していないということです。ですからできるだけすぐにあなたの苦しみ、怒りを相手に伝えてください。24時間が期限です。

まだ怒りが静まらず、相手に伝えることができないと感じることもあるかもしれません。そのときは外に出て、マインドフルな呼吸や歩行をし、心が静まり、伝えることができそうなら伝えてください。もし期限がきてもまだ心が落ち着かない場合は、メモを書きましょう。和解メモ、和解のメッセージです。その手紙を相手に届け、24時間以内に相手が必ず読むようにしてください。これはとても重要です。怒ったときはお互いにこうしようと二人で約束を交わしてください。そうしなければあなたは和平協定の条項を尊重していないことになります。

2　「私は最善を尽くしています」

状況を変える覚悟ができたら、さらにできることがあります。あなたの苦しみを相手に伝えるとき、もう一つ付け加えるのです。「私は最善を尽くしています」と。これは、あなたが怒りに任せて行動しているのではなく、マインドフルな呼吸、マインドフルな歩行を実践し、マインドフルネスによって怒りを受け入れようとしていることを意味します。実践していないのであれば「最善を尽くしている」と言ってはいけません。怒りに対処する方法を知り、実践しているのであれば、「最善を尽くしている」と言ってもよいでしょう。この言葉は相手の心のうちに、あなたに対する信頼と敬意を生み出します。「私は最善を尽くしている」ということは、あなたは約束に従って自分に戻り、怒りに対処しようとしていることを示します。

怒りは赤ん坊のようなものですから、世話をしなくてはいけません。胃が痛いときに体に意識を向けてお腹に手を当てるのと同じです。そのときは胃があなたの赤ん坊です。胃は体の形成物であり、怒りは心の形成物です。胃や肝臓をいたわるのと同じように怒りをいたわらなくてはいけません。「怒りよ、どこかへ行ってしまえ。お前は私のものではない」とは言えないのです。

「最善を尽くしている」と言えるのは、自分の怒りを受け入れ、対処できているからです。マインドフルな呼吸とマインドフルな歩行で怒りのエネルギーを解放し、ポジティブなエネルギーに変容させようとしているのです。

怒りを受け入れながら、自分が誤った認識の犠牲者になっていないかどうか、怒りの本質を深く観る実践も行います。もしかしたらあなたは聞いたこと、見たものを誤解しているかもしれません。言われたこと、なされた行為に対して間違った捉え方をしているかもしれないのです。怒りはこのような無知と誤った認識から生まれます。

「私は最善を尽くしています」と言うとき、あなたは自分がこれまでに何度も、誤った認識のために怒ってしまったことに気づいています。ですから今、あなたはとても慎重です。自分は相手の言動の犠牲者であると簡単に思い込むべきではないことを知っているからです。自分の中に地獄を創り出していたのは、あなた自身かもしれないのです。

3 「助けてください」

三つめの言葉は自然に後に続くでしょう。「助けてください。私はあなたの助けが必要です」。これは真の愛の言葉です。相手に腹を立てているとき、「触らないで！あなたなんて必要ない。私はあなたがいなくても十分やっていけるわ！」と逆のことを言いがちです。でもあなた方はお互いを支え合う誓いを立てました。苦しいとき、たとえ自分で実践の方法を知っていたとしても、相手の協力を必要とするのはとても自然なことです。

「あなたの助けが必要です。私を助けてください」

この三つの文を書いたり伝えたりすることができるなら、あなたは真に愛することができるということです。あなたは本物の愛の言葉を使っています。「私は苦しんでいます。あなたにそれを知ってほしいのです。私は最善を尽くしています。私はあなたのせいにも、ほかの誰のせいにもしようとしていません。信頼し合い、誓い合った仲だからこそ、この苦しみ、怒りから抜け出すためにあなたの助け、協力が必要なのです」。この三つの言葉を用いて対話すれば、すぐに相手を安心させ、苦痛を和らげることができます。あなたがこのように怒りに対処するとき、相手にも、あなた自身にも、大いなる信頼と尊敬の念を生み出します。これはそれほど難しいことではありません。

ともに怒りを変容させる

もし私があなたの相手で、あなたからこの三つの言葉を聞かされたら、私はあなたのことをとても誠実で真の愛をもった人だと思うでしょう。幸せなときだけ幸せを分かち合うのではなく、苦しいときも苦しみを分かち合う人なのだ、と。あなたが最善を尽くしている、と言うとき、私は真の実践者であるあなたに信頼と敬意を抱きます。学んだことや教え、実践する仲間に対しても誠実な人だと思うでしょう。この三つの言葉を発するとき、あなたは師やサンガを心で抱擁しているのです。

あなたが最善を尽くしているので、私も最善を尽くします。私も自分に戻り実践します。あなたに見合うように、私も深く観て、最善を尽くします。そして「あんなに彼女を苦しめるなんて、自分は何をしてしまったのだろう？　なぜそんなことをしてしまったのだろう？」と自問するでしょう。あなたの言葉を聞くだけで、あなたの和解メモを読むだけで、私は自分を立て直すことができます。

あなたから愛のこもったメッセージを受け取ると、彼はあなたの愛、言葉、実践から刺激を受けます。彼の心には大いなる目覚めと尊敬の念が生まれます。彼は自分自身に戻り、あなたを苦しめるような言動があったかどうか、自分を省みたくなります。このように、あなたの実践は彼に伝わります。彼はあなたが最善を尽くしていることに気づき、それに応えるために自分も最善を尽くしたいと思うでしょう。彼は心の中で静かに言います、「僕も最善を尽くしているよ」と。

これは素晴らしいことです。二人とも実践しているのです。真理があなた方双方に宿り、それぞれの中でブッダが生きています。もう何も危険なことはありません。あなたは自分自身に戻り、起きたことを本当に理解するために深く観る実践をしています。もしこの間に、二人のうちのどちらかが実際に起きていることについて洞察を得たら、すぐに相手に伝えてください。

あなたが誤った認識のために怒ってしまったことに気づくかもしれません。このような気づきがあれば、すぐに相手に伝えてください。何でもないことで怒ってしまったことを謝ってください。彼女は何も間違ったことをしていなかったのです。あなたが状況を誤解したために腹を立てたのです。彼女はあなたが苦しんでいることをとても心配していますから、電話、ファックス、Eメールなどで彼女に伝えてください。彼女の苦しみをすぐに和らげることができます。

逆に、苛立ちや誤った認識のために何かを言ってしまったと相手が気づくこともあるでしょう。もし彼女が自分の言動を後悔しているのであれば、彼女もその気づきをあなたに伝えるべきです。「あの日、私はマインドフルではなかったのです。正しくないことを言ってしまいました。誤った認識をもっていました。私が未熟であったためにひどいことを言いました。あなたを苦しめるつもりはなかったのです。ごめんなさい。今度からもっと気をつけ、マインドフルでいられるよう約束します」と。こう言われればあなたは苦しむことを止め、相手に尊敬の念を感じることでしょう。こうなれば、もう相手も実践の仲間です。お互いへの敬意は深まり続けます。そして敬意こそが真の愛の基盤となります。

特別なゲスト

ベトナムの伝統では、夫と妻はお互いをゲストのように扱い、敬意をもって接します。お互いに失礼のないよう、相手のいる前では着替えません。西洋社会にも、少なくとも昔はこのような傾向があったのだと思います。二人の間に敬意がなければ愛は長続きせず、怒りなどのネガティブなエネルギーの割合が増えてくるでしょう。

私たちのリトリートセンター、プラムヴィレッジで行われる結婚式では、カップルは相手に敬意を表すために互いにお辞儀をし合います。それぞれの人の中に、仏性——悟りを得る能力、大いなる思いやりと理解を発現させる能力——があるからです。相手に敬意をもってお辞儀をすると、相手への愛に気づきます。もし相手に何の尊敬の念も残っていなければ、愛は死んでしまいます。だからこそ、私たちは注意深くお互いへの敬意を養い、保ち続けなければいけないのです。

真の愛の三つの言葉を用いること、深く観て、対立における自分の責任に気づくことは、相手を敬い、二人の愛を養うための確かな方法です。真の愛の三つの言葉を侮ってはいけません。

ポケットの中の小石

この三つの言葉を構成する分子はすべて、真の愛でできています。愛はすべてを可能にします。クレジットカードほどの大きさの紙にこれら三つの言葉を書き留めて、財布に入れておいてもいいでしょう。誓いを思い出させるもの、あなたを救うものとしてこの紙を大切にしてください。

庭で見つけた美しい小石をポケットに忍ばせておく人もいます。小石をていねいに洗い、持ち歩きます。ポケットに手を入れる度に、小石に触れ、やさしく握り、マインドフルな呼吸をすると、とても穏やかな気持ちになります。怒りがこみ上げたとき、小石が教えとなり、三つの言葉を思い出させてくれます。小石を握り、静かに息を吸い、吐き、微笑むだけで大きな助けになります。子どもじみたことに聞こえるかもしれませんが、これはとても効果的です。学校や職場にいるときや買い物をしているとき、自分自身に戻るよう思い出させてくれるものは何もありません。そんなとき、ポケットの中の小石があなたの師、或いは実践の仲間となってくれます。それは私たちを立ち止まらせて呼吸に戻してくれる、「マインドフルネスの鐘」のような存在です。あなたの中に愛と悟りを生み出し、生かし続ける力になってくれるのです。

4 変容

エネルギーの場

怒りの感情があるときは、言い返したり、仕返しをしたりすべきではないことはすでに学びました。怒っているときに何かを言ったりしたりすることは賢明ではありません。すべきことは、まず自分自身に戻り、怒りにきちんと向き合うことです。

怒りはエネルギーの一つの場です。それは私たちの一部です。世話を必要とする、むずかる赤ん坊と同じです。最善の方法は、怒りを受け入れ、対処するための別のエネルギーの場を生み出すことです。

第二の場のエネルギーとは、マインドフルネスのエネルギーです。マインドフルネスは、ブッダのエネルギーであり、呼吸と歩行の実践をとおして常に手に入れ、生み出すことのできるものです。私たちの心の中にブッダがいる、というのは、単なる概念ではありません。理論や観念でもありません。それは現実です。なぜなら、私たち誰もが、マインドフルネスのエネルギーを生み出すことができるからです。

「マインドフルネス」とは、真にここに存在し、今起きていることに気づいていることです。このエネルギーは実践において欠かせないものです。マインドフルネスのエネルギーは、幼子を腕に抱いていたわる兄や姉、母親のようなものです。この幼子とは、怒り、絶望、嫉妬のことです。

エネルギーの第一の場が怒り、第二の場がマインドフルネスです。実践とは、マインドフルネスのエネルギーを使って怒りのエネルギーを認識し、受け入れることです。乱暴にではなく、やさしく行います。怒りを抑え込むのではありません。マインドフルネスはあなたであり、怒りもあなたですから、両者を闘わせて自分自身を戦場にしてはいけません。マインドフルネスは「善」「正」で、怒りは「悪」「誤」だ、という考え方はしないでください。怒りはネガティブなエネルギーで、マインドフルネスはポジティブなエネルギーだということさえ知っていればよいのです。そうすれば、ポジティブなエネルギーを使ってネガティブなエネルギーに対処することができます。

感情は有機的

私たちの実践は、非二元の考え（善と悪、正と誤など、ものごとを二つに分けて相対立させないこと）に基づいています。感情は、ネガティブなものもポジティブなものもどちらも有機的なもので、同じ現実の一部です。ですから両者を闘わせる必要はなく、受け入れて対処すればよいのです。

仏教の伝統においての瞑想とは、善で悪を負かそうと自分自身を戦場にすることではありません。これはとても重要な点です。「悪」は撲滅して、心や頭から追放しなければならない、と考えている方もいるかもしれませんが、これは誤りです。実践とは、自分自身を変容させることとです。生ゴミがなければ、堆肥を作る材料がありません。堆肥がなければ、心の花に栄養を与えるものがありません。悩みや苦しみは必要なのです。これらの感情は有機的なものですから、変容させ、有効に使うことができるのです。

相互存在（インタービーイング）

私たちの実践の方法は、非暴力的なものでなければいけません。非暴力は、「非二元」「相互存在」の洞察からのみ生まれます。これは言い換えれば、すべてのものは相互に関わり合っていて、何ひとつとして単独で存在できるものはない、という洞察です。他者への暴力は、自分自身への暴力にほかなりません。非二元の洞察がなければ、あなたは暴力的であり続け、罰し、抑圧し、破壊したいという思いをもち続けるでしょう。しかし非二元の現実をいったん理解できれば、あなたは、あなたの中の花と生ゴミ、どちらにも微笑みかけ、両者を受け入れることができます。この洞察が、非暴力行動の基盤です。

「非二元」「相互存在」の洞察を得ると、自分の体もできる限り非暴力的に扱うようになります。怒りなどの心の形成物に対しても、非暴力的に対応するようになります。兄弟、姉妹、父親、母親、地域や社会に対しても、最大のやさしさをもって接するようになります。このような態度からは、いかなる暴力も生まれ得ません。相互存在を理解すれば、誰のことも敵とは見なさなくなります。

私たちの修行の基本は、「非二元」と「非暴力」の洞察です。これらの洞察は、自分の体をやさしく扱うことを教えてくれます。私たちは怒りや悲しみにも、やさしさをもって対処しなければいけません。怒りは、怒り以外の要素に原因があります。怒りの根は、日々の生活の仕方の中にあるのです。自分の中にあるすべての感情に差別なく対処することができれば、私たちはネガティブなエネルギーの力を弱めることができ、それに支配されずに済むのです。

賢く怒りを伝える

自分の中に怒りが生じたときは、怒りがそこにあり、対処すべきであることを認めて受け入れなければいけません。このとき、怒りに任せて何かを言ったりしたりしないことです。すぐに自分自身に戻り、マインドフルネスのエネルギーを呼び起こし、怒りを受け入れ、認め、対処します。

でも同時に、自分が怒っていること、苦しんでいることを相手に伝えることも必要です。「私は苦しんでいます。怒っています。そのことをあなたに知ってほしいのです」「この怒りに対処するために、私は最善の努力をしています」「助けてください」――この三つの言葉を用いて怒りを表現することはとても賢明です。あなたはパートナーとの関係を始めた当初に、良いことも良くないこともすべて分かち合うことを誓ったのですから、これはとても正直で誠実なことです。

このような言葉やコミュニケーションは、敬意を呼び起こし、相手も自分を振り返り、あなたのように実践したいという気持ちにさせます。相手は、あなたが自分自身に対して敬意をもっていることに気づくからです。あなたは、怒りにどう対処すればよいかを知っていることを相手に示しているのです。あなたは怒りを受け入れるために最善を尽くしているので、もうパートナーを罰すべき敵とは見ておらず、あなたを助けてくれる協力者と見ています。この三つの言葉はとてもポジティブなものです。

24時間以内に相手に伝えることを忘れないでください。ブッダは、僧侶は怒ってもよいが、一晩以上もち越してはならないと言っています。怒りを長い間抱えるのは健康的ではありません。1日以上、怒りや苦しみを自分の内に抱えてはいけません。先ほどの三つの言葉を穏やかに、愛をもって伝えるのです。そのために自分を訓練するのです。

もしも怒りを穏やかに表現できないまま1日が経ってしまいそうな場合は、その文章を紙に書いて相手に渡します。「私は怒っています。苦しんでいます。なぜあなたが私にこのようなことをしたのか、言ったのか分かりません。私が苦しんでいるということを知ってほしいのです。私は怒りに対処するために最善の努力をしています。私を助けてください」。このような和解メモを相手に届け、相手がきちんと受け取るようにします。相手にそれを伝えた、あるいは届けた瞬間、あなたはすでにある程度、苦しみから解放されていることを感じるでしょう。

金曜日の約束

三つの言葉が書かれたそのメモに「金曜日の夕方、二人で深く観る時間をもちましょう」と書き添えてもいいでしょう。金曜日の約束の日までに3日か4日、実践できる時間があるように、月曜か火曜日に伝えます。そうすれば金曜日までの数日間、お互いが冷静に考えることができます。話し合いは何曜日でもよいのですが、金曜日を選ぶのは、もし和解が成立すれば、よい週末を一緒に過ごせるからです。

金曜日が来るまで、マインドフルな呼吸の実践をして、怒りの根を深く観ます。何をしているときでも、その怒りをマインドフルネスで包み込むようにします。こうすることで、怒りの本質を深く観ることができます。苦しみの主な原因は、自分の中にある怒りの種だということに気づくでしょう。あなたや周りの人々が、その種に水をやり過ぎていたのです。

怒りは、種の形をして私たちの中に存在しています。愛や思いやりの種もそこにあります。私たちの意識には、たくさんのネガティブな種と、たくさんのポジティブな種があります。実践とは、ネガティブな種に水をやることをやめて、毎日ポジティブな種の存在を認めて、水をやることです。これが愛の実践です。

選択的な水やり

ポジティブな種に水をやり、あなた自身や愛する人を守らなければいけません。「もし私のことを本当に思ってくれるなら、私の中のネガティブな種に毎日水をやらないでください。あなたにそうされると、私はとても悲しいのです。どうか、私の中にある怒りや不寛容、苛立ちや悲しみの種に水をやらないでください。私も、あなたの中にあるネガティブな種に水をやらないことを約束します。もし私がそうしたら、あなたが不幸になり、その結果私も苦しむことを知っているからです。あなたの中の、愛、思いやり、理解の種にだけ水をやることを誓います」

プラムヴィレッジでは、これを「選択的な水やり」と呼んでいます。もしあなたが怒りやすいようなら、何年にもわたってあなたの怒りの種に水が与えられ続けたためでしょう。あなたがそれを受け入れてしまったのです。周りの人々と、よい種にだけ水をやるという約束を交わしていなかったのです。自分を守る実践をしてこなかったのです。自分自身を守らなければ、愛する人々のことも守れません。

私たちが怒りを受け入れ、対処しようとするとき、私たちは苦しみから解放されます。怒りを深く観ることができるようになり、多くの洞察を得られます。最初に得られる洞察は、自分の怒りの種が大きく育ち過ぎ、それが不幸の主な原因だったということかもしれません。この事実に気づくと、相手は怒りの二次的な要因に過ぎず、怒りの主な原因ではないことに気づきます。

さらに深く観続けると、相手もまたとても苦しんでいることが分かります。自分が苦しい人は、必ず周りの人のことも苦しめます。苦しみの受け入れ方、変容のさせ方を知らないため、彼の苦しみは毎日大きくなり続けます。これまで、私たちは彼を助けてきませんでした。種を選んで水をやっていなかったのです。もし私たちが毎日、彼のポジティブな種を選んで水やりをしていれば、今のような彼にはなっていなかったでしょう。

ポジティブな種への水やりはとても効果的です。1時間行うだけでも大きな変容があります。1時間、相手の中にある美しい花の種に水を与えるだけで、彼の花は開き始めます。それほど難しいことではありません。

花に水をやる

何年か前、フランスのボルドーからある夫婦がプラムヴィレッジに法話を聞きにやってきました。私たちはブッダの生誕記念日をお祝いし、私は選択的な水やりについての法話をしていました。その法話の最中、ご婦人が声を出さずに泣いているのに気づきました。法話の後で私はご主人のところに行き、「あなたのお花は水が必要なようです」とお伝えしました。彼はすぐにその意味を察し、家へ向かう帰り道、妻のポジティブな種に水をやり始めました。たった1時間10分の道中でしたが、夫婦が家に着いたとき、母親のとても元気で幸せそうな様子に子どもたちはとても驚きました。母親のそんな姿を、もう何年も見ていなかったからです。

あなたの愛する人は、あなたの花です。彼女の中には素晴らしい種がたくさんあったのですが、夫はそれに気づかず、水をやらずにいました。むしろ、彼女のネガティブな種にばかり水をやっていました。ポジティブな種に水をやることができないわけではなかったのですが、プラムヴィレッジまで来て、それを思い出す必要があったのです。師から、強く促される必要があったのです。実践の共同体をもつことが大切なのはこのためです。真理はあなたの中にありますが、それが顕現し現実のものになるためには、それに水をやらなければなりません。もしあなたが愛する人のポジティブな種にちゃんと水をあげていれば、彼（彼女）は今のようにあなたを苦しめてはいないでしょう。つまり、あなたは自分の苦しみに部分的に責任があるのです。

助けに戻る

金曜日の約束までに、二人の衝突におけるあなたの立場を深く観る実践をします。すべてを相手のせいにしてはいけません。苦しみの主な原因はあなたの中の怒りの種であること、相手はあくまでも二次的な要因であることにまず気づいてください。

衝突における自分の立場が見えてくれば、あなたはさらに楽になります。あなたはマインドフルな呼吸をし、怒りを受け入れ、ネガティブなエネルギーを手放すことができるので、15分間の実践をしただけでもずっと楽になるでしょう。

でも相手はいまだに地獄にいて、苦しんでいるかもしれません。あなたは相手を大切にすると誓ったのですから、彼（彼女）に対して責任があります。あなたが実践してこなかったから、花の世話をしなかったからです。相手を思いやる気持ちをもつと、すぐにでも彼（彼女）のもとに戻り、助けたいと思うようになります。彼（彼女）はあなたにとってとても大切な人です。あなたが助けなければ、誰が助けるのですか？

相手を助けたいという気持ちに駆られるとき、怒りのエネルギーはすべて、思いやりのエネルギーに変容したことが分かるでしょう。あなたの実践が実りを得たのです。堆肥、生ゴミが、花に生まれ変わったのです。15分、30分、1時間かかるかもしれません。それはあなたが実践の中でどれだけの知恵と洞察を得られるかにかかっています。

それがまだ火曜日であれば、金曜日の約束まであと3日間あります。相手をこれ以上心配させたり、苦しませないよう、自分の責任に気づいたらすぐに相手に電話をかけます。「今、気持ちが晴れました。私は誤った認識の犠牲者でした。私たちを苦しめていたのは私自身だったということに気づきました。もう金曜日の話し合いのことは忘れてください」。これは愛から発せられる言葉です。

多くの場合、怒りは誤った認識から生まれます。苦しみの原因を見つめているときに、あなたの怒りが誤った認識によって生じたものだと気づいたら、相手にすぐそれを伝えなければいけません。彼はあなたを苦しめたり、傷つけたりするつもりはなかったのに、どういうわけかあなたはそう思い込んでしまったのです。父親、母親、子ども、パートナー……自分がどのような立場であれ、私たちは自分の認識について深く観る訓練をしなければいけません。

本当にあなたが正しいですか？

ある男性が長期出張で家を留守にすることになりました。彼が出発する前に妻は妊娠していたのですが、男性はそれを知りませんでした。彼が出張から戻ったとき、妻は出産を終えていました。男性は、家にたまに手伝いに来ていた隣家の男と妻の関係を怪しんでしまい、隣家の男との間にできた子どもだと信じ込みました。男性はその小さな男の子を疑いの目で見て、憎み続けました。彼はその男の子の中に隣家の男の顔を見ました。

それから12年の歳月が過ぎました。それまで事情があって家に来れなかった男性の兄が、初めて訪ねてきました。小さな男の子を見た兄は「この子は君そっくりだね。

君たちは瓜二つだよ！」と弟に言ったのです。幸運なことに、この男性は兄の訪問により誤った認識から脱することができたのです。でもこの誤った認識は彼の人生を12年間も支配し、苦しめ続けました。当然、妻も深く傷つき、また小さな男の子も自分に向けられる憎悪に苦しみました。

私たちは常に、誤った認識に基づいて行動しています。自分のものの見方が正しいとは決して思ってはいけません。美しい夕日を見るとき、あなたはその太陽がその瞬間に存在していると確信をもって疑わないでしょう。でも科学者に言わせれば、その太陽は8分前の太陽のイメージでしかないのです。太陽の光がはるか彼方の地球に到達するまでには8分かかるのです。

自分のものの見方に気をつけていないと、自分を苦しめることになります。「それは確かですか？」と紙に書いて、部屋に貼っておいてもいいかもしれません。最近病院では、「確かだと思っても、再確認せよ」という標識が掲げられ始めているそうです。これは病気を初期段階で見つけなければ治療しにくくなることへの警告です。医師たちは心の形成物の視点でこの言葉を用いているわけではありません。でも、私たちもこのスローガンを活用できます。私たちは自分自身を、そして愛する人たちを、自分の認識のために大変苦しめてきました。あなたの認識は確かですか？

誤った認識に10年、20年と苦しむ人々もいます。相手に善意しかないのに、自分を裏切った、自分を憎んでいると思い込むのです。誤った認識の犠牲者は、自分だけではなく周りの人々をも大変苦しませます。

怒りが生じたとき、苦しいとき、どうか自分自身に戻って、自分の認識の内容やその性質を深く観察してみてください。もし誤った認識を取り除くことができれば、あなたの中に平和と幸せが再び訪れ、相手のことも再び愛することができるようになります。

ともに怒りを観る

あなたが怒りの原因を見つめ、最善の努力をしていることが相手に伝わると、相手も同じように努力したくなるものです。運転しながら、料理をしながら、彼女は「私は何をしてしまったのだろう？　私の発言の何があれだけ彼を苦しませているのだろう？」と自問自答しています。そして彼女も深く観る実践をする機会を得ます。彼女も、過去にあなたを苦しませるような反応をしたことを知っているからです。もし自分の言動に未熟なところがあったことに気づいたら、彼女はあなたに謝らなくてはいけません。

このようにもし二人が早いうちに洞察を得ることができれば、金曜日まで待つ必要はありません。金曜日は、一緒に美味しい食事と、お茶とケーキを楽しむ夜にすればよいのです。二人の愛と絆を祝福すればよいのです。

困難でもすべてを分かち合う

もし二人のどちらも実践がうまくいかなかった場合、金曜日は深く聴き、愛をもって話す時間にします。怒っているほうが、自分の心の内を相手に話す権利があります。もし怒っているのがあなたのパートナーである場合、あなたはひたすら聴き役になります。ただ聴くだけで、それに対し反応しないことを約束します。思いやりをもって聴く実践に最善を尽くします。批判、非難、分析するためではなく、相手が気持ちを表現し、苦しみから解放されることを助けるためにだけ聴きます。

あなたが苦しみを打ち明けるときは、心の内をすべて話す権利があります。相手はすべてを知る権利があるのですから、それはあなたの義務でもあります。あなたたちは誓約を交わした二人なのですから。あなたは相手に思っていることすべてを話すべきですが、一つだけ条件があります。それは、穏やかに愛をもって話すことです。苛立ちが現れた瞬間、穏やかさや冷静さを失いそうになった瞬間に、話すのをやめてください。「今はこれ以上続けられません。また改めて時間を作れますか？　今は心が落ち着かず、愛をもって話すことができそうにありません」。相手も話し合いを延期することに合意するでしょう、それは次の金曜日でも構いません。

あなたが聴き役の場合も、マインドフルな呼吸を実践します。マインドフルな呼吸を行い、相手の話を聴くために自分の考えや意見を空《から》にします。思いやりをもち、相手を楽にすることだけを思い、誠心誠意、聴いてください。あなたの中には思いやりの種があり、相手の苦しみの深さに気づけば、それは発現します。深く聴くことのできる偉大なる菩薩になると誓いを立ててください。この慈悲深い観音菩薩は架空の概念ではなく、実在させなければいけません。

思いやりがあれば過ちはない

私たちは相手が苦しんでいることを忘れたときにのみ、過ちを犯します。私たちはつい、苦しいのは自分だけで、相手は自分が苦しむのを楽しんでいるかのように思いがちです。そう思うと、意地悪で非情な言動をとってしまうのです。相手も苦しんでいるという気づきは、あなたが菩薩のように深く聴けるための助けになります。話を聴いている間中ずっと、思いやりをもち続けられます。あなたは彼（彼女）にとって最高のセラピストになります。

相手の話は、とても批判的で、非難がましく懲罰的かもしれません。辛辣で皮肉に満ちているかもしれません。でもあなたの中に思いやりがあれば、影響されません。思いやりは、怒りの真の解毒剤なので、相手の言葉があなたの怒りや苛立ちに火をつけることはありません。思いやり以外に怒りを癒せるものはありません。だからこそ、思いやりの実践は大変素晴らしいのです。

思いやりは、理解があるところにしか生まれません。では、何を理解するのでしょうか？　相手が苦しんでいること、私が助けなければいけないことを理解するのです。私が助けなければ、誰が助けるのですか？　相手の話の中には誤った認識がたくさん含まれていることに気づくかもしれません。でもあなたは、相手が誤った認識の犠牲者になっているのだと分かっているので、思いやりをもち続けることができます。もしあなたが相手の認識を正そうとすれば、自分の胸の内を打ち明けている相手の話に水を差してしまうかもしれません。ですからただ座り、すべての注意力と最善の意図をもって聴くのです。それは相手にとって大いなる癒しになります。

相手の誤った認識を正す手助けをしたいのなら、それにふさわしい瞬間が来るまで待たなければいけません。聴いている間、あなたの唯一の目的は、相手が思いの丈を打ち明けられるよう、その機会を与えることです。あなたは何も言ってはいけません。数日後、彼女の気持ちが少し落ち着いているようなら、そのとき、誤った認識についての正しい情報を伝えてもいいでしょう。「あの日、あなたはああいうふうに言ったけれど、それは実際に起きたことと違うのです。実際に起きたのは……」。誤りを正すときも愛をもって話します。必要ならば、実際のことを知っている第三者に協力をあおいで、本当に起きたことを話してもらい、誤った認識を解いてもらうのもよいでしょう。

忍耐は真の愛の印

怒りは生きものです。生じれば、おさまるまでに時間が必要です。たとえ彼の怒りが完全に誤った認識に基づいたものだとはっきりと証明できたとしても、すぐに口出ししないでください。渇望、嫉妬などほかの苦しみと同様、怒りもおさまるまでに時間が必要なのです。もし本人が自分の勘違いだったことに気づいたとしても同様です。扇風機のスイッチを止めると、回転が完全に止まるまでしばらく回るでしょう。怒りも同じです。怒りがすぐにおさまるものだと思ってはいけません。焦らず、ゆっくりと消え去ってゆくのを見守るのです。

忍耐は、真の愛の印です。父親は、息子や娘に愛を伝えるのに忍耐強くなければいけません。母親、息子、娘も同様です。愛したければ、忍耐強くあることを学ばなければいけません。忍耐がなければ、相手を助けることはできません。

また、自分自身に対しても忍耐強くある必要があります。自分の怒りを受け入れるのには時間がかかります。でも、マインドフルな呼吸とマインドフルな歩行をし、怒りを受け入れる実践を5分間行うだけでも効果があります。5分で不十分ならば10分でも15分でも、自分が必要なだけ時間をとればよいのです。屋外で行うマインドフルな呼吸と歩行は、怒りを受け入れるのにとても優れた方法です。ジョギングでさえ、とても助けになります。じゃがいもを茹でるときと同じように、あなたの怒りも15分から20分、マインドフルネスの火にかけておく必要があるのです。

勝利を収める

じゃがいもを茹でるとき、熱が逃げないように鍋にフタをします。これは熱を集中させるということです。同様に、怒りに対処するために歩行したり呼吸するとき、ほかには何もしてはいけません。歩く瞑想やマインドフルな呼吸だけを深く行い、怒りを受け入れることに自分を完全に投入します。

怒りを受け入れ、深く観ているうちに、何らかの洞察が得られ、怒りは小さくなります。気持ちが楽になり、相手を助けに行きたくなります。鍋のフタを取れば、素晴らしい香りが立ちこめます。怒りは、慈愛のエネルギーへと変容を遂げるのです。

すべての植物が日光に敏感なのと同じように、怒り、嫉妬、悲しみなどすべての心の形成物は、マインドフルネスのエネルギーに敏感です。マインドフルネスのエネルギーは仏のエネルギーですから、マインドフルネスのエネルギーを養えば、自分の体や意識を癒すことができるようになります。キリスト教では、イエス・キリストが神のエネルギー、聖霊（ホーリー・スピリット）を自らの内に宿していると言われています。そのためにキリストは多くの人を癒すことができるのです。彼の癒しのエネルギーは聖霊と呼ばれています。仏教の言葉では、そのエネルギーはブッダのエネルギーであり、マインドフルネスのエネルギーです。

マインドフルネスは集中、理解、思いやりのエネルギーも含んでいます。ですから、仏教の瞑想は集中、思いやり、理解、愛、幸せをもたらすエネルギーを生み出す修行なのです。私たちの僧院では、全員でまさにその修行をしているので、私たちは全体としてとても強いエネルギーを生み出していて、それが私たちや私たちの所を訪れる人々を受け入れ、守ってくれています。

1回の実践を行っただけでも、私たちは怒りに対処できるということを実感します。これは、自分自身と愛する人のために勝利を収めたことを意味します。私たちが負ければ、愛する人も負けます。でも勝利を収めるとき、相手の分まで勝利を得ることができるのです。ですから、相手が実践の方法を知らなかったとしても、自分と相手のために実践することができるのです。相手が始めるのを待つ必要はありません。二人のために、あなたが始めればよいのです。

5 思いやりあるコミュニケーション

親とまったく会話ができないという時期を経験した方もいるかもしれません。同じ家に住んでいるのに、父親、あるいは母親ととても距離を感じることがあります。このようなときは、親も子もどちらも苦しんでいます。どちらとも、二人の間には誤解、憎しみ、分離しか存在しないと思い込み、どれだけ共通のものがあるかに気づいていません。お互いを理解し、許し、愛する能力がどちらにも備わっていることを知らないのです。ですから、怒りなどのネガティブな要素が私たちを支配しないように、私たちの中に常に存在するポジティブな要素に気づいていることはとても大切です。

雲の向こうにある太陽

雨が降っているとき、私たちは太陽は出ていないものと思います。でも飛行機で空高く飛び、雲の合間を抜けると再び太陽を見ることができます。太陽はいつもそこにあることに気づきます。怒っているときや悲しいとき、私たちの愛もいつもそこにあるのです。対話し、許し、思いやりをもつという私たちの能力もそこにあるのです。このことを信じてください。私たちは怒りや苦しみ以上の存在です。私たちは自分の中に、愛し、理解し、思いやりをもつ能力を確かにもっているということに気づかなければいけません。これを知っていれば、雨が降っても絶望的な気分になる必要はありません。雨はじき止み、再び太陽が照るでしょう。希望をもつことです。あなたと相手の中にポジティブな要素が今も存在していることを思い出せれば、困難を打ち破り、再び二人の中の最善のものが引き出されることも可能だということに気づくでしょう。

実践はそのためにあるのです。あなたが太陽に、つまりあなたの中の善良な部分に触れ、状況を変えられるようになるためにあるのです。

自分は平穏でいられるということを心の奥底で分かっていてください。ブッダのエネルギーはあなたの中にあるという確信を育ててください。あなたがすべき唯一のことは、そのエネルギーに助けを求めることです。マインドフルな呼吸、マインドフルな歩行、マインドフルな座法をとおしてそれができるようになります。

深く聴く練習

コミュニケーションは実践です。コミュニケーションをとるためには、それなりの技術が求められます。善意だけでは足りません。その方法を学ぶ必要があります。もしかしたらあなたは聴く能力を失ってしまったのかもしれません。相手があまりにも恨みがましく、いつも非難したり責めるような口調で話すので、うんざりしてしまったのかもしれません。もうこれ以上聴きたくないとあなたは彼（彼女）を避け始め、話を聴く気も失せてしまったのかもしれません。

あなたは怖れから彼を避けようとします。自分が苦しみたくないからです。でもこれでは誤解を生み、あなたが彼を蔑《さげす》んでいるのだろうと彼に思わせてしまうかもしれません。それは彼をとても苦しめます。これでは、あなたは彼と向き合うこともできなければ、彼を避けることもできません。唯一の解決策は、再びコミュニケーションがとれるよう自分を訓練することです。そのためには、深く聴けるようになることです。

多くの人が、自分のことや自分の置かれた状況など誰も分かってくれないと苦しんでいます。皆とても忙しそうにしていて、聴く能力をもった人など誰もいないかのように見えます。でも私たちは皆、自分の話を聴いてくれる人を必要としています。最近は精神療法を行う人々がいて、彼らはあなたが心を開けるように、あなたとともに座って話を聴いてくれます。本物のセラピストになるためには、深く聴くことができなくてはいけません。本物のセラピストは、先入観をもたず批判もせず、誠心誠意、聴く能力をもっています。

私はセラピストたちがこのように聴く能力をつけるためにどのような訓練をするのか知りません。でもセラピストもまた、苦しみでいっぱいかもしれません。クライアントの話を聴きながら、自分の苦しみの種に水をやってしまっているかもしれません。しかし、もしセラピストが自分自身の苦しみで圧倒されていたら、どうやってクライアントの話をまともに聴くことができるでしょうか？　セラピストになる訓練を積んだのであれば、深く聴く技術を学ばなくてはいけません。

共感をもって話を聴くということは、相手が本当に話を聴いてもらっている、理解されている、全存在をもって心で聴いてもらえていると実感できるように聴くということです。でもそのように聴くことのできる人がどれだけいるでしょう？　私たちは皆、原則としては、相手の言っていることをきちんと聴けるように、人の話は心で聴くべきだと思っています。相手が本当に話を聴いてもらっている、分かってもらえていると感じるように聴くべきだと思っています。相手の気持ちを和らげるのはその方法しかない、と。でも実際にそのような聴き方ができる人が何人いるでしょうか？

苦しみを和らげるために聴く

話を深く聴くこと、思いやりをもって聴くことは、分析したり、まして過去に起きたことを暴くために聴くことではありません。まず相手に安心感と、思いの丈を打ち明ける機会を与え、やっと自分のことを分かってもらえたという気持ちになってもらうために聴くのです。「傾聴」というのは、相手が話をしている間、それが30分でも45分でも、ずっと思いやりをもち続けられる聴き方です。この間、あなたの心にはたった一つの思い、願いしかありません――それは、相手が忌憚なく話せる機会を与えること、相手の苦しみが和らぐことです。これが唯一の目的です。分析したり過去を理解したり、その他のことはこの作業の副産物と捉えればよいでしょう。とにかく第一は、思いやりをもって聴くことです。

思いやりは怒りと恨みの解毒剤

相手の話を聴いている間、思いやりをもち続けることができれば、怒りや苛立ちは生まれません。さもなければ、相手の言うことはあなたの苛立ちや怒り、苦しみに火をつけるでしょう。思いやりはそれだけで、あなたを苛立ちや怒り、悲しみに満ちた気持ちから守ってくれます。

あなたは話を聴いている間、相手が大変苦しんでいること、あなたに救い出してもらいたがっていることを知っているので、偉大なる存在のようにふるまいたいと思うでしょう。でもそのためには装備が必要です。

消防士が火を消しに行くときにも、はしご、水、防火服など適切な装備が必要です。彼らは自分たちを守りながら火を消す方法をいくつも知らなくてはいけません。苦しみを抱えた人の話を深く聴くとき、あなたは火災地帯に足を踏み入れているのです。話をしているその人の中には、苦しみと怒りの炎が燃えています。もしあなたに適切な装備がなければ、相手を助けることはできませんし、相手の炎の犠牲になることもあり得ます。だから装備が必要なのです。

ここでのあなたの装備は、思いやりです。これはマインドフルな呼吸の実践により養われ、保ち続けることができます。マインドフルな呼吸はマインドフルネスのエネルギーを生み出します。マインドフルな呼吸は、相手が思いの丈を打ち明けられるように助けたいというあなたの根本的な願いを生かし続けてくれます。相手が話すとき、その言葉は恨みや非難、批判に満ちたものかもしれません。これらの言葉はあなたの中の苦しみに火をつけるかもしれません。でもマインドフルな呼吸の実践であなたの中に思いやりが生き続けていれば、あなたは守られています。

思いやりは、幸せと理解から生まれます。思いやりと理解が生き続けているとき、あなたは守られています。相手が何を言おうとそれに苦しめられることなく、深く聴くことができます。思いやりをもって聴くことができないとき、聴いているふりをしてはいけません。相手は、あなたが苦しみについてたくさんの考えをもってはいても、自分のことを本当に理解してはくれないことに気づきます。あなたに理解があれば、思いやりをもって深く聴くことができます。このような聴き方ができるようになれば、それはあなたの実践の賜物です。

自分自身を育てる

苦しみに触れることは、私たちの内に思いやりを育て、幸せなときには幸せに気づくことができるようになります。もし痛みと接していなければ、本当の幸せが何かを知ることができません。ですから、苦しみに触れることは実践です。でも私たちにはそれぞれ限界があり、自分にできる以上のことはできません。

自分のことをきちんといたわらなければいけないのはこのためです。人の苦しみや怒りを聴きすぎると、その影響を受けます。苦しみにだけ接し、ポジティブな要素に触れる機会がなくなるとバランスを崩します。ですから日常生活において、苦しみを表さないもの、たとえば空、鳥、木々、花、子どもなど、私たちを爽快な気分にし、癒し、滋養となるものに触れられるよう、実践を行わなければいけません。

時間が経つのはとても速いので、私たちは喜びや平和、思いやりをもって毎日を深く生きるべきです。私は毎朝1本のお香をブッダに捧げます。そして、生きるために与えられたすべての瞬間を楽しむことを自分自身に約束します。日常生活のすべての瞬間を深く楽しむことができるのは、マインドフルな歩行とマインドフルな呼吸の実践のおかげです。これらは二人の友人のように、いつも私が「今、ここ」を深く掘り下げ、周りに存在するいのちの奇跡に触れる手助けをしてくれます。

私たちは、自分に必要なだけの栄養を取らなくてはいけません。鐘の音を聞くことは、心に栄養を与えてくれる、心地よい実践です。プラムヴィレッジでは、電話が鳴ったとき、時計のチャイムが鳴ったとき、僧院の鐘が鳴ったとき、おしゃべり、思考、その他何であれそのときしていることを一旦止める機会にしています。これらは「マインドフルネスの鐘」です。鐘の音を聞くと、私たちは体をリラックスさせ、自分の呼吸に戻ります。生きていることに気づき、周りにあるたくさんのいのちの奇跡に触れることができます。

止まるときは、厳粛に堅苦しく、ではなく、自然に喜びをもって立ち止まります。息を吸い、吐くことを3回繰り返し、自分が生きているという事実を楽しみます。そして一旦立ち止まると、静けさと平穏が戻り、自由になります。仕事はより楽しいものとなり、周りの人もよりリアルな存在となります。

鐘の音を聞いて、していることを一旦停止して呼吸をする実践は、日常生活の中の美しいもの、心の栄養となるものと触れることを助けてくれる実践の一例です。一人でもできますが、サンガがあるとずっと楽にできます。共同体はいつもそこにあります。苦しみの中で迷子になったとき、サンガはあなたを救い、人生のポジティブな要素に触れさせてくれます。

自分の限界を知ることも実践です。たとえあなたが精神的指導者で、人の苦しみを聴く能力をもっていたとしても、やはり自分の限界は知らなくてはいけません。マインドフルな歩行を楽しんだり、お茶を楽しんだり、幸せな人たちとともに過ごす時間を楽しんだりして、十分な心の栄養を取らなければいけません。相手の話を聴くためにも、自分自身をいたわる必要があるのです。毎日、十分な栄養を取る一方で、聴くという役割のためにふさわしい装備ができるように自分の中に思いやりを育てる実践も必要です。あなたは菩薩のようにならなくてはいけません。その菩薩は、自分自身が大いなる幸せに満たされているため、人々を苦しみから救うことができるのです。

あなたはあなたの子ども

父親、あるいは母親としてあなたは子どもの話に耳を傾けなければいけません。息子、娘はあなた自身です、これはとても重要なことです。あなたの子どもはあなたの延長です。最も大切なことは、あなたが子どもとの間にコミュニケーションを回復させることです。

息子や娘を胎内に宿した瞬間から、あなたは自分と胎児を一つのものだと考えます。お腹にいる赤ん坊と会話をする人もいるでしょう。「私の愛する赤ちゃん、じっとしていてね。私はあなたがそこにいることを知っています」と赤ん坊に愛をもって語りかけます。あなたが食べるもの、飲むものはすべて赤ん坊も食べ、飲むので、体に取り入れるものにも敏感になります。あなたの心配事や喜びは、赤ん坊の心配事や喜びになります。あなたと赤ん坊は一つです。

お産を終えてへその緒が切られると、この一体感はだんだん薄れていくかもしれません。子どもが12～13歳になる頃には、子どものことを自分とは別の存在と考えるようになります。そしてお互いに問題を抱え始めます。

子どもとの間に問題をもつことは、自分の胃や心臓、肝臓と問題をもつようなものです。もし子どもが他人で、自分とは切り離された存在だと考えれば「お前は私の息子じゃない！」「私の娘はそんなことはしない！」などと言えます。しかし、あなたが胃や心臓に対してこのようなことを言えないのと同様、息子や娘に対してもこのようなことは言えないのです。

ブッダは「孤立した存在はない」と言いました。あなたと息子、あなたと娘は何世代にもわたって続いてきた祖先の延長に過ぎません。あなたは長い生命の連鎖の一部なのです。彼らがあなたの胎内にいたときと同じように、あなたの子どもがすることはすべて、今でもあなたに深い影響を与えます。子どもは決してあなたから切り離されることはないのですから、あなたがすることもすべて、今でも子どもに深い影響を与えます。あなたの幸せと苦しみは子どもの幸せと苦しみで、逆もまた同じです。だからこそ、コミュニケーションを回復させるために自分自身を100パーセント投入する必要があるのです。

対話を始める

私たちは混乱と無知のために、苦しんでいるのは自分だけだと思い込みます。自分の息子や娘は苦しんでなどいないと思います。でも実際は、あなたが苦しいときはいつでも、子どもも苦しんでいるのです。あなたは息子や娘のすべての細胞に存在しているのです。あなたの子どもの感情や感じ方はすべて、あなたの感情や感じ方です。

ですから、彼とあなた、彼女とあなたは一つだという、最初にもっていた洞察を思い出さなければいけません。あなたの息子、娘と対話を始めてください。

過去に、あなたは過ちを犯しました。自分の胃を痛めるようなことをしました。食べ方や飲み方、悩み方はあなたの胃、腸、心臓に大きな影響を与えます。あなたは自分の心臓、腸、胃に責任があります。これとまったく同様に、あなたは自分の息子、娘に責任があります。責任がないとは言えません。子どものところへ行き、「愛する私の子よ、お前は苦しんできた。何年も、苦しんできた。お前が苦しむとき、私も苦しんでいる。自分の子どもが苦しんでいるときに、私がどうして幸せになれるだろう？　お互いに苦しんでいることに気づいたんだ。何か二人でできることはないか？　力を合わせて解決策を探さないか？　話し合いをもてないか？　対話を再開したいけれど、一人ではどうにもならないんだ。力を貸してほしい」と言ってください。

父親、あるいは母親として子どもにこう言うことができるなら、あなたは愛の言葉の使い方を知っているということですから、状況は変わる可能性があります。あなたの言葉は愛、理解、そして悟りから発せられています。それは、あなたと子どもは一つであり、幸せと健康は個人の問題ではない、という悟りです。これらは双方に関わる問題です。ですから、子どもに言うことは、あなたの愛と、孤立した存在はないという理解から発せられなければいけません。あなた自身と子どもの本質を理解しているからこそ、あなたはこのように話すことができるのです。あなたの娘がそのようであるのは、あなたがそのようであるからです。あなたがそのようであるのは、あなたの息子がそのようであるからです。あなた方は切り離された存在ではないのです。

マインドフルな生き方ができるように自分を訓練してください。コミュニケーションを回復させるだけの能力を培えるよう、自身を鍛えてください。息子も、父親が苦しんでいるときに自分が幸せになれないことを知っているので、愛に基づいた話し方を学ぶことができます。息子も、マインドフルネスの実践をとおして、孤立した存在はないという現実に触れることができ、父親とのコミュニケーションを回復できるようになります。自発的にリードを取るのは息子のほうかもしれません。

同じことが父親と母親の間にも言えます。あなた方は一体となって生きる誓いを立てました。幸せなときも苦しいときもともに歩むと深く誓ったのです。新しくやり直すために相手の助けが必要だと伝えることは、この誓いの延長でしかありません。私たち誰もの中に、このように話し、聴く力があるのです。

ラブレター

あるフランス人の女性は、夫から昔もらったラブレターを大切に保管していました。彼は結婚する前、彼女に宛てて美しい手紙を何枚も書きました。手紙を受け取るといつも彼女はとても嬉しくて、彼からの手紙はすべてビスケットの箱に入れてとっておくことにしていました。ある朝、彼女がクローゼットの整理をしていると、この手紙の入った古いビスケットの箱が出てきました。彼女はずいぶん長い間、この箱を見ていませんでした。

過去数年間、夫と妻はとても苦しんでいました。もうお互いを見つめ合うことも、一緒に話をすることも楽しめず、お互いに手紙を書くこともありませんでした。彼女が箱を見つける前日、夫は彼女に出張に行くことになったと伝えました。彼は家にいても居心地がよくありませんし、もしかしたらこの旅に少しの幸せと喜びを期待していたかもしれません。彼女はそれを分かっていました。夫から会議でニューヨークに行かなければならないと告げられたとき、彼女は「仕事があるならどうぞ」とだけ言いました。彼女はもう慣れっこになっていました。そして夫が予定通りに帰宅せずに、電話をしてきて「まだ仕事が終わらないからもう2日延ばすことになった」と言っても、彼女は何ごともなく受け入れました。夫が家にいても、彼女は幸せでなかったからです。

彼女は電話を切った後、クローゼットの整理を始めてこの箱を見つけました。長いことその箱を開けていなかったので開けてみたくなり、箱を開けるととても懐かしいにおいがしました。彼女は手紙を取り出して、立ったまま読み始めました。なんてやさしい手紙でしょう！　彼の言葉は理解と愛にあふれていました。彼女は、乾燥した大地がようやく雨に潤されたような、新鮮な気持ちになりました。手紙があまりにも素晴らしいので、彼女はもう1通、手紙を開きました。結局、彼女は箱ごとテーブルにもってきて、椅子に座り、46通か47通あった手紙をすべて読み終えました。彼女の過去の幸せの種は、幾層もの苦しみの下に埋まってはいましたが、まだそこにあったのです。夫が若く、愛に溢れていた時期に書いた手紙を読み返している間、彼女は自分の中にあった幸せの種に水が与えられているような気持ちになりました。

このようなことをするとき、あなたは自分の意識の奥底にある幸せの種に水をやっているのです。最近、夫はこのような親切な言葉を使うことはまったくありませんでした。でも今、手紙を読むことで、彼女はあのやさしい口調で夫が話すのを聞くことができたのです。幸せは確かに二人のもとにあったのです。なぜ今、二人はこのような地獄を生きているのでしょう？　夫のこのような話し方を彼女は忘れかけていましたが、それは確かに現実だったのです。彼は彼女にそのような言葉をかけることができたのです。

幸せの種に水をやる

手紙を読む1時間半の間、彼女は自分の中の幸せの種に水をやっていました。彼女は二人とも不器用であったことに気づきました。お互いの苦しみの種にばかり水をやり、幸せの種に水をやることをしてこなかったのです。すべての手紙を読み終えると、彼女は落ち着いて、彼に出逢った頃、自分がいかに幸せだったかを手紙に綴り、彼に伝えたいという思いでいっぱいになりました。そして、あの素晴らしい頃の幸せが再び発見され、再現されることを願っている、とも書きました。今再び、彼女は夫を「私の愛する人」と正直に心から呼ぶことができました。

彼女は45分かけて手紙を書きました。それは、箱の中の手紙を書いた、あの魅力的な若い男性へ宛てた本物のラブレターでした。夫の手紙を読んでから、夫に手紙を書き終えるまで3時間ほどかかりました。その時間は、まさに実践だったのですが、彼女は自分が実践していることさえ知りませんでした。手紙を書き終えると、彼女の中の何かがとても軽くなっていました。手紙はまだ届いておらず、夫もまだその手紙を読んでいませんが、彼女の幸せの種が再び目覚め、水を与えられたために、彼女はずっと元気になっていました。彼女は2階に行き、彼の机に手紙を置きました。この日一日中、彼女は幸せでした。彼女の中の幸せの種に水が与えられたということだけで、彼女は幸せだったのです。

夫の手紙を読み、また夫への手紙を書いている間に、彼女はいくつか洞察を得ました。それは、二人ともあまり器用でなかったこと、そして二人にふさわしい幸せを維持する方法をどちらも知らなかったことでした。彼らは言葉と行動によって、お互いを地獄に陥れてきました。二人は家族として、夫婦としてともに暮らしていくことを受け入れたはずでしたが、もう幸せのかけらも残っていませんでした。このことを理解すると、二人で実践を行えば、幸せは必ず取り戻せると彼女は確信しました。彼女は希望に満たされ、これまでのように苦しまなくなりました。

夫が帰宅して2階に上がると、机の上に手紙を見つけました。彼女は手紙に「私たちの苦しみや、二人にふさわしい幸せを私たちが感じていないことには、私にも責任があります。再び対話を始め、新しくやり直したいのです。平和、調和、幸せを再び現実に取り戻したいのです」と書きました。夫は長い時間をかけて彼女の手紙を読み、彼女が書いたことを深く観ました。彼は自分が瞑想の実践をしているとは知りませんでしたが、妻からの手紙を読むことで彼の中の幸せの種も水を与えられ、彼もまた実践していたのです。彼は2階に長いこといて、深く観ることにより、前の日に妻が得たのと同じ洞察を得ました。このおかげで、彼らは新しくやり直し、幸せを取り戻すことができたのです。

最近の恋人たちはお互いに手紙を書くことがなくなりました。ただ電話をし、「今晩あいてる？　出かけようか？」と言うだけで済み、手元に残るものは何もありません。これは残念なことです。ラブレターを書くことを再び覚えましょう。父親でも息子でも、愛する人に宛てて手紙を書きましょう。あなたの娘、母親、姉妹、友人でもいいのです。あなたの感謝の気持ちと愛を書き綴る時間を作ってください。

小さな奇跡

コミュニケーションを回復させるにはいくつもの方法があります。息子に話しかけるのがまだ難しいようであれば、マインドフルな歩行やマインドフルな呼吸を1日か2日、実践してみてはいかがでしょう？　そして落ち着いて彼に愛の手紙を書いてください。同じような言葉を使えばいいのです。「親愛なる息子、私はお前がとても苦しんでいることを知っている。父親として私にも責任がある。私は自分自身をどう伝えればよいか分からずにいた。お前はこれまで私にその苦しみを話せないでいたが、もうこの状況を変えたい。お前の力になりたい。二人で協力して、よりよいコミュニケーションを築いていこう」と。このような言葉で話すことを覚えてください。

愛の言葉は私たちを救ってくれます。思いやりをもった傾聴も私たちを救ってくれます。これは実践者である私たちが起こす奇跡です。あなたにもそれができます。あなたの意識の底には、十分な平和、十分な思いやりと理解があります。そこに助けを求めるのです。内なるブッダを招くのです。愛情深い友人の力を借りれば、新しくやり直し、コミュニケーションを回復することは可能です。

6 あなたの般若心経

感謝の瞬間、悟りの瞬間

身近な人が自分の人生にいてくれることをとてもありがたく感じるときがあります。彼、彼女の存在に心から感謝し、思いやり、感謝、愛で気持ちがいっぱいになります。誰もがこのような瞬間を体験したことがあるでしょう。相手が生きていること、自分とともにいてくれること、困難な時期にそばにいてくれたことをとてもありがたく感じます。このような瞬間が再び訪れたら、その機会をうまく生かしてください。

このような瞬間を本当にうまく生かすためには、一人きりになれる場所に行くことです。急にその人のところに行って「あなたに感謝しています」などと言わないでください。これでは十分ではありません。それは後にしてください。まず自分の部屋など静かな場所に行き、感謝の気持ちを感じることに集中してください。そして、自分の気持ちや感謝の念、幸福感を1枚の紙に書き留めてください。自分の声を録音してもいいでしょう。

感謝の瞬間は、悟り、気づき、知性の瞬間です。これは意識の奥底から現れるものです。あなたは本来このような理解と洞察をもっているのですが、怒ったときは、感謝や愛のかけらもなくなります。感謝や愛など最初から存在しなかったかのような気持ちになります。だからこそ、紙に書き留め、安全に保管しておく必要があるのです。折に触れてその紙を取り出して、読み直してください。

多くの仏教徒によって唱えられている経典、般若心経（The Heart Sutra）は、ブッダの教えと知恵の本質が書かれています。あなたが書いたものは、菩薩やブッダの心ではなく、あなたの心（Heart）から出たもので、それはあなただけの般若心経です。

あなたの般若心経を毎日唱える

ビスケットの箱にとっておいたラブレターに救われた女性の話から、私たちは皆、学べることがあります。このように心を込めて書かれたものを読むと、私たちは救われます。救世主は外からではなく、あなたの内側から現れます。あなたは愛することができます。あなたには相手のよいところが分かり、感謝する能力があるのです。これはありがたいことです。パートナーに出逢ったこと、愛する人が人生にいてくれることは幸運なことだとあなたも分かっているのに、なぜこの事実をみすみす逃そうとするのでしょう？　それはあなたの心の中にあるのです。だから、あなたの般若心経を毎日唱えなければいけないのです。見て思い出すのです。あなたの中にある愛と感謝に触れる度に、彼の存在をありがたく感じ、大切に思うでしょう。

相手の存在に心から感謝するためには、一人になる必要があります。いつも一緒にいると、相手がいて当たり前だと思ってしまい、彼の美しさや善良さをないがしろにしてしまうからです。時々、3日間、7日間など一人で過ごす時間をもちましょう。すると、彼とは離れているのですが、一緒にいるときよりももっと彼の存在を感じ、実感できるでしょう。離れることで、彼があなたにとっていかに大切で貴重な存在かを思い出すでしょう。

ですからぜひ、あなたの般若心経、経典を作って、神聖な場所に置いて、頻繁に唱えてください。そうすれば、怒りに圧倒されそうなときも、あなたの般若心経が大きな助けとなってくれます。それを手に取って、深い呼吸をしてから読んでください。すぐに自分に戻ることができ、苦しみがずっと軽くなります。あなたの般若心経を読めば、自分がどうするべきか、相手にどう対応するべきかが分かります。あとは実際にあなたが行うかどうかだけです。自分の知性を有効に生かせるように、そのための環境を作り、準備、計画、実行してください。あなたの才能を生かして、このような実践を、自分なりに作ってみてください。

怒りの岸を離れる

あなたはまだ苦しみと怒りの岸にたたずんでいます。そろそろこの岸を離れ、怒りのない、平和と自由の対岸（彼岸）に移動してはいかがですか。ここはそちらの岸よりもずっと心地がよいのです。なぜ数時間も、一晩も、あるいは何日も、怒りに苦しみながら過ごすのですか？　すぐに対岸に渡ることのできるボートがあるのです。このボートとは、マインドフルな呼吸をとおして自分に戻る実践です。このボートに乗れば、私たちの苦しみ、怒り、憂鬱を深く観て、それらに対して微笑みを向けることができます。このようにして私たちは痛みを乗り越え、対岸に渡るのです。

その岸に立ち続け、怒りの犠牲者にならないでください。怒らない要素もあなたの中にあります、怒らないことも可能なのです。川を渡って怒りのない対岸に行ってください。対岸は涼しく、快適でリフレッシュできます。怒りにあなたを制圧させないでください。自分を解放して自由にしてください。師や、実践を積む友人、またはあなた自身の実践の助けを借りて岸を渡るのです。これらのボートを信頼して川を渡り、対岸に行くのです。

たった今は混乱、怒り、疑念の岸に立っているかもしれません。でもずっとそこにいないで、別の岸に渡るのです。サンガの仲間、ブッダの教えを生きるブラザーやシスター、あなたが行う呼吸や歩行の実践、深く観る実践、あなたの般若心経を唱える実践があれば素早く対岸に渡ることができます。数分もかからないかもしれません。あなたには幸せになる権利があります。慈愛深く、愛深くいる権利があります。目覚めの種はあなたの中にあります。実践を行えば、あなたはこの種を即座に花開かせることができます。法は瞬時にその効果を発揮するので、あなたは苦しみを終わらせることができます。アスピリンよりも即効性があります。

怒ったときには贈り物を

誰かに腹を立て、怒りを変容させようとあらゆることを試したのに何も効果がないように思えるときもあるでしょう。このような場合、ブッダは相手に贈り物をすることを勧めています。子どもじみたことのように聞こえるかもしれませんが、これはとても効果があります。私たちは怒ると相手を傷つけたくなりますが、贈り物をしようとすると、相手を喜ばせたいという気持ちに変わるのです。ですから、誰かに腹を立てたら贈り物をしてください。贈り物を届けたら、あなたはもう怒っていないでしょう。簡単なことですが、必ず効果があります。

贈り物を買いに行くのに、怒るまで待つ必要はありません。相手に感謝の気持ちや愛を感じたら、買いに行ってください。でもまだ相手には渡さずにとっておくのです。引き出しの中に秘密の贈り物を2～3個とっておくという贅沢を楽しんでもいいでしょう。後になってあなたが怒ったときに一つ取り出して渡してください。これはとても効果的です。ブッダは大変賢明でした。

理解による解放

私たちは怒ると、その苦しみを和らげたいと思います。これは自然なことです。苦しみを取り除く方法はたくさんありますが、最も優れたものは理解です。理解があるとき、怒りはひとりでに消え去ります。相手の状況を理解し、苦しみを理解すると、怒りは思いやりへと変容するため、怒りが消えるのです。

深く観ることは、怒りに対する最も効果的な薬です。深く観るとき、相手の困難や、本人ですら気づいていない心の奥底の思いを理解します。するとあなたの中に思いやりが生まれ、それが怒りの解毒剤となります。心から思いやりを感じると、怒りの炎はたちまち消えるでしょう。

私たちの苦しみのほとんどは、切り離され孤立した存在は何もないということを理解していないか、そのことに気づかないために生じます。相手はあなたであり、あなたは相手です。この事実に気づくことができれば怒りは消えます。

思いやりは理解によって開く美しい花です。怒りを感じたらマインドフルな呼吸をしてみてください。そして状況をより深く観て、自分と相手の苦しみの本質に気づけば、あなたは怒りから解放されるでしょう。

発散させることの危険

怒りを晴らすためには怒りを表出させたほうがよい、と勧めるセラピストがいます。棒でタイヤを叩いたり、力いっぱいドアを閉めたり、怒りを表に出すことがよいと言います。枕を叩くことも勧めます。このようなセラピストたちは、「鬱憤を晴らす」「発散させる」ことが怒りのエネルギーを取り除く方法だと言います。

私たちは部屋が煙たいとき、煙が出ていくように部屋を換気します。怒りというのは煙のように、あなたを苦しませるエネルギーです。怒りという煙が立ちこめてきたら、怒りが出ていくようドアを開け、換気扇を回します。それと同じように、石や木を棒で叩いたり、枕を叩いたりして怒りを換気させようというのです。私はこのような方法をとる人をたくさん見てきました。実際に一時的には気分が晴れるようですが、発散させることの副作用はとても有害です。それはあなたをさらに苦しめます。

怒りを表出させるためにはエネルギーが必要です。怒りを発散しようとして全力で何かを打ったり叩いたりすれば、30分後、あなたは疲れきっています。疲れきっているので、怒りの燃料となるエネルギーがもう残っていません。怒りは消えたのだと思うかもしれませんが、そうではなく、ただ疲れきって怒れないだけなのです。

怒りを生み出すのは、あなたの中にある怒りの根です。怒りの根は、無知、誤った認識、理解と思いやりの欠如の中に宿ります。怒りを発散させるとき、あなたはただ怒りの燃料となるエネルギーを解放しているだけなのです。怒りの根は常にそこにあり、そのように怒りを表現しようとすれば、怒りの根はあなたの中により強く根付いてしまいます。これが発散することの危険性です。

1999年3月9日、「ニューヨーク・タイムズ」紙に「攻撃性を表出させるのは誤ったアドバイス」という、怒りについての記事が掲載されました。この記事によれば、社会心理学者らは数多くの調査の結果、枕を叩いたり、同じような方法で怒りや攻撃性を表出させることは何の助けにもならず、逆に状況を悪化させるだけであると結論づけたそうです。

また、何人かのセラピストたちも怒りを発散させることは危険だと正式に発表しています。彼らは患者たちにそのようなアドバイスをするのを止めたと私に話してくれました。

枕を叩いているとき、それは怒りを静めたり減らしているのではなく、実は予行演習をしているのです。もし毎日枕を叩く練習をしたら、あなたの中の怒りの種は毎日成長し続けます。そしていつか、あなたを怒らせた本人に会ったとき、それまでに覚えたことを実際にしてしまうかもしれません。相手を殴り、刑務所に入ることになるかもしれません。ですから、枕叩きや発散させることによって攻撃性を処理しようとすることは何の助けにもなりません。それは危ないことです。実際には怒りのエネルギーをあなたの体から排出していることにはならないのです。

怒りを発散させるというのは無知に基づいた行為です。自分の嫌いなものを枕と見立て、嫌いなものを叩くことは、無知と怒りの予行演習をしているようなものです。暴力性や怒りを減らすどころか、もっと暴力的になり、怒りも強くなります。

あなたを守るマインドフルネス

私たちは怒りと向き合い、その存在に気づき、いたわらなくてはいけません。心理療法では、これは「怒りに触れる」行為と呼ばれています。これは素晴らしく、とても重要なことです。怒りが姿を現したときは、抑えつけるのではなく、その存在に気づき受け入れなくてはいけません。

　でもここで大切な問題は、「怒りに触れ、いたわり、その存在を認めているのは誰か？」ということです。怒りはエネルギーなので、そのエネルギーが過剰であれば、あなたが怒りの犠牲者になり得るのです。怒りの存在に気づき対処することができる、別のエネルギーを生み出さなければいけません。怒りとは、触れられ、認められることを必要としているエネルギーの一領域です。問題は、「何が何に触れているのか？怒りに触れ、その存在を認めることができるのはどのようなエネルギーか？」ということです。そのエネルギーとは、マインドフルネスのエネルギーです。ですから私たちは怒る度に、マインドフルな呼吸と歩行を実践し、マインドフルネスの種に触れ、マインドフルネスのエネルギーを生み出さなければいけません。

　マインドフルネスは怒りを抑えつけるためのものではありません。マインドフルネスは、「こんにちは、私の怒り、私の古き友。私はあなたがそこにいることは分かっています」と怒りを歓迎し、その存在を認めるためのものです。マインドフルネスは、そこにあるものに気づかせてくれるエネルギーです。マインドフルであるということは、常に何かに意識的であるということです。意識的に息を吸い、吐くときは呼吸のマインドフルネス、意識的にお茶を飲むときはお茶を飲むマインドフルネス、意識的に食べるときは食事のマインドフルネス、意識的に歩くときは歩行のマインドフルネス。

ここでは私たちは怒りのマインドフルネスを実践するのです。「私は怒っていることに気づいています。私の中に怒りがあることに気づいています」。マインドフルネスとは触れ、認め、迎え入れ、抱きしめるものです。逆らったり抑えつけたりするものではありません。マインドフルネスの役割は、泣いている子どもを抱きしめ、なだめる母親の役割に似ています。怒りはあなたの中にあります、あなたの赤ちゃん、あなたの子どもです。ちゃんと世話をしなければいけません。マインドフルネスは怒りに気づくとこう言います。「こんにちは、私の怒り。そこにいるのを知っています。ちゃんとお世話するから心配しないでね」と。マインドフルネスがあればあなたは安全です、微笑むことができます。なぜならそれはブッダのエネルギーがあなたの中に生まれたということだからです。

怒りの扱い方を知らなければ、あなたの命にも関わります。マインドフルネスがなければあなたは怒りの犠牲者となり、それが原因で吐血したり、死に至ることさえあります。怒りは体にとって衝撃であり、体内に多大なプレッシャーと痛みを与えるため、怒りが原因で亡くなる人は少なくありません。でもブッダが存在し、マインドフルネスのエネルギーがそこにあればあなたは守られています。マインドフルネスはその状況に対処する助けとなります。お兄さんがいれば弟は安全です。母親がいれば子どもは守られています。実践を積むことであなたの中の母親やお兄さんは怒りへの対処がどんどん上手になっていきます。

怒りを認識し、受け入れている間、マインドフルネスの意識を常に生み出していなければいけません。そのためにはマインドフルな歩行と呼吸を繰り返し行うことです。もしマインドフルネスがなければ、何をしても、たとえ全力を込めて枕を叩いても気が晴れることはありません。枕を叩くことでは、怒りに触れることも怒りの本質に気づくこともできません。枕に触れることすらできません。もし枕に本当に触れることができていれば、それがただの枕であり、あなたの敵ではないことが分かるはずです。なぜそんなふうに枕を叩くのでしょう？　それがただの枕だと分かっていないからでしょう。

本当に何かに触れるということは、その本質が分かるということです。一人の人に深く触れれば、その人の真の姿が分かります。マインドフルネスがなければ、人にもものにも、本当に触れることは不可能です。マインドフルネスがなければ、怒りはあなたに有害なことをさせようとし、あなたはその犠牲者になるだけです。

怒りの相手はあなた自身

あなたは自分を誰だと思っていますか？　あなたはその「相手」です。息子に腹を立てるとき、あなたは自分自身に腹を立てています。もし息子は自分ではないと思っているのなら、それは間違いです。あなたの息子はあなた自身なのです。遺伝的にも生理的にも科学的にも、あなたの息子はあなたの延長です。これが現実です。あなたの母親は誰ですか？　あなたの母親はあなたです。あなたは母親の延長の子孫であり、母親はあなたの延長の先祖です。母親は、あなたとその前のすべての世代とを結びつけ、あなたは母親と未来の世代とを結びつけているのです。あなたたちは同じ生命の流れに属しているのです。

子どもをお腹に宿していた母親は、子どもは自分自身であるという洞察をもっていました。でも子どもが13歳、14歳になると自分と子どもは別々の存在だと感じ始め、以前ほどのつながりを感じなくなります。けんかをした後、どうやって仲直りし、関係を改善すればよいか分からなくなります。その後間もなく、二人の距離はさらに広がり、確実なものとなります。争いが増え、二人の関係はとても難しくなります。

怒りを止める洞察

二人はまるで別々の存在のように見えますが、深く観ると、二人はまだ一つであることが分かります。二人の対立を和解させ、平和を取り戻すことは、自分自身の体の中に平和を取り戻すようなものです。あなたと子どもは同じ性質のもので、同じ現実に属しています。

何年も前、私はロンドンで書店に入り『私の母、私自身』というタイトルの本を見つけました。これは大変優れた書名です。あなたの母、あなた自身。ほかにも本が書けそうです……「私の娘、私自身」「私の息子、私自身」「私の父、私自身」。これは本当に現実なのです。あなたが息子に腹を立てるとき、あなたは自分自身に腹を立てています。息子を罰するとき、自分自身を罰しているのです。あなたが父親を苦しめるとき、自分を苦しめているのです。私たちが「無我の洞察」を得ると、これが分かるようになります。無我の洞察とは、「自分」は自分以外の要素――父親、母親、すべての先祖、太陽、空気、大地など――からできているという洞察です。

この無我という現実に触れると、幸せや苦しみは個人の問題ではないことが分かります。あなたの苦しみは、あなたが愛する人々の苦しみです。彼らの幸せはあなたの幸せです。これが分かると、相手を罰したり非難したいという衝動に駆られなくなります。もっと賢明なふるまいができるようになります。この知性、この知恵は、黙考や深く観る実践で得られるものです。あなたの般若心経を唱えれば、あなたの子ども、パートナーは自分自身であるという洞察を思い出すことができます。

私たちは経典を唱えることによって、真実と無我の洞察に心を没頭させます。皆さんに書いていただきたい般若心経は、あなたと相手は一つであるという洞察から生まれるものです。般若心経は知恵に関するものですが、あなたの般若心経も同様です。それはあなたが切り離され、孤立した存在ではないことを思い出させるものです。あなたが怒り、自分が孤立した存在だと感じたとき、般若心経を読めば再び自分自身に戻ってくることができます。洞察があるとき、ブッダはそこにいて、あなたは守られています。もう苦しむことはありません。

怒りから解放されるためにはいくつもの方法がありますが、最も深く解放してくれるものは理解と、無我の洞察から得られるものだということを常に覚えていてください。無我は抽象的な概念ではありません。無我は、マインドフルネスとともにあることができれば実際に触れることのできる現実です。無我の洞察は、あなたと相手の間に平穏と調和を取り戻します。あなたは平穏、幸せに値する人です。だからこそ、ともに生きていくための戦略を二人で落ち着いて練るべきなのです。

そしてあなたも、自分自身に調和と平穏をもたらす生き方を見いださなくてはいけません。多くの場合、あなたが自分の内なる闘いと葛藤に苦しんでいるので、まずはあなた自身と和平協定を結ぶ必要があるのです。あなたに知恵と洞察が欠けているために、自分の中で闘いが起きるのです。理解があれば、自分自身や人との関係の中に、平穏と調和を取り戻すことができます。もう戦闘区域にいなくて済むように、知性をもって行動し、反応することができます。あなたの中に平穏と調和があれば、それは相手に伝わり、相手との間に平穏と調和を取り戻すのにも時間はかからないでしょう。あなた自身が、一緒にいて楽しく、過ごしやすい人になり、それは相手にとって大きな救いとなります。

ですから、息子を助けたいのなら自分自身と和解してください。自分自身を深く見つめてください。母親を助けたいのなら、自分自身の中に平穏を取り戻してください。あなたが母親を助けられるようになるための洞察を見いだしてください。自分自身を助けることは、他者を助けることの第一条件です。自分という名のついた幻想を手放してください。これが、あなたと相手を怒りと苦しみから自由にする実践の極意です。

7 敵はいない

自分から始める

コミュニケーションなしに、真の理解は成立し得ません。そのためには、まず自分自身とコミュニケーションがとれなくてはいけません。自分とうまくコミュニケーションができなければ、どうやってほかの誰かと通じ合えるというのでしょう？　愛も同じです。もし自分を愛していなければ、ほかの誰かを愛することはできません。もし自分を受け入れ、自分を大切にすることができなければ、ほかの人を受け入れ、大切にすることはできません。

私たちはよく、父親とまったく同じような行動をとりながら、それに気がつきません。それどころか、自分は父親の正反対だと思っていたりします。父親のことを受け入れていない、もしくは憎んですらいるかもしれません。でも父親を受け入れていないということは、あなたがあなた自身を受け入れていないということです。父親はあなたの中にいるのです。あなたは父親の延長です。ですから、あなたが自分自身とコミュニケーションをとることができれば、父親とも通じ合うことができるのです。

自己は、自己以外の要素から成り立っています。ですから、自分自身を理解することはよい実践です。父親は自分以外の要素です。「父親は私ではない」と言うかもしれませんが、父親なしには私たちは存在し得ません。父親は私たちの体と心にしっかり存在しているのです。彼は私たち自身です。従って、もし自分のことを完全に理解できれば、父親は外にいるのではなく、あなたが父親自身であることも理解できるでしょう。

それ以外にも、自分自身の中にあって触れたり認識したりできる自分以外の要素はたくさんあります。先祖、大地、太陽、水、空気、あなたが食べるすべての食べ物、などです。これらはあなたと別ものののように思うかもしれませんが、これらの存在なしにあなたは生きられないのです。

対戦中の二つのグループが話し合いをもとうとしているとします。どちら側も自分たちのことをよく知りません。でも、相手方のグループ、国、人々を理解するためには、自分自身、自分の国、自分のグループ、自分の状況を本当によく分かっていなければいけません。自分と相手は、別々の存在ではないのです。なぜなら、苦しみ、希望、怒りは、双方にとってまったく同じものだからです。

怒りを感じるとき、私たちは苦しみます。このことを本当に理解できれば、相手が怒っているとき、相手も苦しんでいることが分かるはずです。誰かがあなたを侮辱したり暴力的な態度をとったとき、その相手も自分の暴力と怒りで苦しんでいることを理解する知性をもたなければいけません。私たちは忘れやすく、苦しいのは自分だけで、相手は抑圧者だと思いがちです。怒りを感じ、相手を罰したい思いに駆られます。自分が苦しいために相手を罰しようとします。そのとき、私たちの中には相手とまったく同じように怒り、暴力があります。自分の苦しみや怒りが、相手の苦しみや怒りと何ら変わらないことに気づくと、もっと思いやりをもって接することができます。このように、相手を理解することは自分を理解することであり、自分を理解することは相手を理解することです。すべてはあなたから始めなければいけません。

自分自身を理解するためには、非二元について学び実践する必要があります。怒りはは私たち自身、私たちの一部ですから、怒りと闘うべきではありません。怒りは愛と愛と同様、有機的なものです。だからこそ、ほかの有機的なものに変容させることができるのです。ゴミは堆肥に、レタスやきゅうりに変容させることが可能です。ですから、怒りを蔑《さげす》んではいけません。怒りと闘ったり、抑圧するのではなく、怒りをやさしくいたわり、理解と思いやりのエネルギーに変える方法を学んでください。

思いやりは知性

理解と思いやりはとても力強いエネルギーの源です。それは愚かさや消極性の対極にあるものです。思いやりは消極的で弱く、臆病なことだと捉えているならば、それは本当の理解と思いやりを分かっていないからです。思いやりのある人々は不正義に対して抵抗したり挑んだりしないと思っているならば、それは間違いです。彼らはいくつもの勝利をおさめた戦士、ヒーローやヒロインたちです。強い人でなければ、思いやりと非暴力に基づいた行動や、非二元に基づいた行動はとれません。それができる人は、もはや怒りによって行動することはなく、罰したり非難したりもしません。思いやりが心にいつも育ち続けていて、不正義に対する闘いでも勝利を得ることができます。マハトマ・ガンジーは、まさにそのような人でした。彼は爆弾も銃も、政党ももたず、怒りではなく、非二元の洞察と思いやりの力のみによって行動しました。

人間が私たちの敵なのではありません。敵は相手ではなく、自分や相手の中に宿る暴力、無知、不正義です。侵略、支配、搾取しようとする心の習性です。私たちは人を殺さずとも、自分や他者が支配されたり、搾取されたりするのは止めなければいけません。自分の身は自分で守らなくてはいけません。思いやりをもつということは、他人や自分へ向けられた暴力を許すことではありません。思いやりをもつということは、知性をもつということです。愛から生じる非暴力行動は、知性ある行動にしかなり得ません。

思いやりをもつということは、不必要に苦しんだり、常識を失うことではありません。あなたが、ゆっくりと優美に歩を進める、歩く瞑想のグループを率いていたとしましょう。そこに突然雨が降ってきたとします。あなたは、自分も皆も雨でずぶ濡れになりながらもゆっくり歩き続けますか？　これは賢明ではありません。もしあなたが歩く瞑想のよいリーダーならば、ジョギング瞑想にすればよいのです。走っていても、歩く瞑想の喜びは保ち続けられます。あなたは笑い、微笑みながら、実践は愚かなものではないことを証明できるのです。走り、濡れるのを避けながらも、気づきとともにいられます。瞑想はただ隣の人のやることをまねすることではありません。あなたの知性を生かし上手に実践しなければいけません。

思いやりのある警察部隊を組織する

親切になるということは、消極的に受け身になるということではありません。思いやりをもつことは、誰かがあなたをいいように利用したり踏みにじったりすることを許すことではありません。あなた自身や他の人々を守ることは必要です。もしも誰かが危害を及ぼしていて拘留する必要があるのなら、拘留しなければいけません。ただ、思いやりをもって行うのです。あなたの動機は、その人が破壊的行動を続けて怒りを増大させるのを防ぐことです。思いやり深くあるために僧侶になる必要はありません。裁判官や刑務所の看守でもいいのです。ただ、警察官、裁判官、看守として大いなる慈愛に満ちた存在、菩薩であって頂きたいのです。厳格でありながらも常に思いやりの心をもち続けていてください。

あなたがマインドフルな生き方の実践者であれば、警察官が怖れでなく思いやりに基づいて行動する助けとなってください。現代の警察官たちは暴力を振るわれるなど何度も危険な目にあっているので怖れや怒り、ストレスに満ちています。警察を嫌い侮辱する人々は、まだ警察を理解していません。朝、警察官が制服に着替えて銃を装着するとき、彼らはその夜、生きて帰宅できるという確信をもてないのです。警察官もとても苦しんでいます。彼らも誰かに暴力を振るったり、銃で撃ったりすることを楽しんでいるわけではありません。ただ、自分の中にある怖れや暴力性のかたまりの扱い方を知らないでいると警察官であっても、他の人々と同様に社会の犠牲者になり得るのです。もしあなたが警察署長として本当に警察隊員たちの気持ちを理解するのであれば、あなたの心に思いやりと理解が生まれるように自分自身を訓練するでしょう。そうすれば、毎朝毎晩路上に出て、街の平和を守るために困難な任務にあたる警官たちを本当に教育し、助けることができるでしょう。

フランスでは警察のことを「平和維持部隊」と呼びます。でももしあなたの中に平和がなければどうやって街の平和を守ることができるでしょう？　まずあなたの中の平和を維持しなければなりません。ここでいう平和は、怖れのない、知性と洞察力のある平和です。警察官は自分の身を守るためにいくつかの技術を学びますが、護身術だけでは十分ではありません。怖れではなく知性をもって行動しなくてはなりません。もし怖れが強すぎると過ちをたくさん犯します。銃を使う誘惑に駆られ、無実の人々を何人も殺すことになります。

双方の立場を観る

ロサンゼルスで、４人の警察官が黒人の運転手をほぼ死に至らしめるまで暴行を加えた事件がありました。マスコミは全世界にこの事件を報道し、誰もが、被害者の立場か、または警察官の立場かのどちらかの味方につきたがりました。何かを裁き、どちらかの側につくとき、私たちはその対立の外側にいるかのようにふるまいます。まるで自分は、この被害者ではないかのような、あるいはこの警察官ではないかのようにふるまいます。でも深く観ると、私たちはこの被害者でもあり、この警察官でもあることに気づきます。怒り、怖れ、苛立ち、暴力は、暴行を受けた側にも、暴行を与えた側にもあるのです。私たちの中にそれらがあるのと同じです。

警察官を理解し、彼らの苦しみを少しでも和らげるために、私たちが警察官の妻か夫であることを想像してみてください。一緒に暮らせば、伴侶の人生がいかに辛いものかが分かり、毎朝毎晩、彼（彼女）の怒りや怖れ、苛立ちを何とか変容させたいと思うでしょう。そしてもし夫（妻）の苦しみを和らげることができれば、街全体――非行に走る若者たちまでもが恩恵を受けます。これこそが地域を助ける最善の方法です。知性と洞察、思いやりがあればたくさんの事件を未然に防ぐことができます。

怒りと暴力を止める対話

暴力、偏見、怖れに満ちた警察官のイメージはあまり良いものではありません。大勢の若者が警察官を敵とみなしています。彼らがパトカーに火をつけ、警察官を殴りたいと思うのは、警察が彼らの怒りとフラストレーションの対象だからです。暴力行為を犯した若者や刑務所に入ったことのある若者たちと警察官による対話の機会を設けてはどうでしょうか。警察官は自分たちの抱えるフラストレーション、怒り、怖れについて話し、警察を攻撃する若者たちは自分たちのフラストレーション、怒り、怖れについて話す機会をもつのです。そしてこの対話をテレビなどで放映し、全国民がその対話から学べるようにしてはどうでしょうか。

これは真の瞑想になります。個人としてではなく、街として、国として深く観るのです。私たちはこの真実を見たことがありません。私たちは刑事ドラマ、西部劇などの映画はたくさん観ていますが、実在の人々の心や気持ちの真実を見たことはありません。すべての人々が真実を見られるように、このような対話の場を設けるべきです。

自分に爆弾を落とす

「神よ、どうぞ彼らをお赦《ゆる》しください。彼らは何をしているか分からずにいるのです」とキリストは言いました。人が罪を犯して他人を苦しめるのは、自分が何をしているか、その本人が理解していないからです。罪を犯す人々は、自分たちの暴力がどれだけ苦しみを生み出しているか理解していません。彼らが暴力をふるう度に、彼らは他人へと同時に自分自身へも暴力をふるっています。そして、彼らの中にある怒りは増長するだけです。

敵国に爆弾を落とすとき、自国にもまったく同じ爆弾を落としているのです。ベトナム戦争中、ベトナム人が苦しんだのと同じようにアメリカ人も苦しみました。戦争の傷跡は、ベトナムと同じようにアメリカでも深いのです。暴力を止めることこそが、私たちがすべきことです。そして、自分が相手に対してすることは自分自身にもしている、という洞察なしに暴力を止めることはできません。教師は生徒たちに、暴力をふるうことは自分自身を苦しめることだと示さなければなりません。ただそれを伝えるのではなく、もっと創造的に示すのです。洞察を分かち合うとき、独善的になるのではなく、柔軟に、知性をもって、巧みに行うのです。巧みに行うことはとても重要です。偉大なる存在は、実践においても人々を助けることにおいても巧みに行わなければいけません。

開戦前に戦争を止める

私たちの多くは、戦争が勃発するまで戦争を止めるための行動を始めません。戦争の根は、私たちの思考や生き方を含め、いたるところにあります。しかし私たちは、戦争の根に気づくことができず、戦争が勃発して初めて戦争に意識を向けます。すると戦争の激しさに圧倒され、無力感に襲われます。どちらかの側に立ち、片方が正しくもう一方が間違っているように感じます。相手側の非難をすることはできても、戦争による破壊を終わらせるために何ひとつ貢献することができません。

真の実践者は、戦争が始まる前に戦争の根に気づくよう、深くものごとを観なければいけません。あなたの洞察と気づきで、ほかの人々が目を覚まし、同じ気づきを得るのを助けることができます。そうすれば、戦争が勃発する前に、戦争を防ぐための行動をともに起こすことができます。

地球上には、勃発しそうになっている戦争がたくさんあります。もしもあなたが本当に平和の人ならば、そのことに気づき、戦いが勃発して激しい暴力が始まる前に、その戦争を止めるために地域の人々とともに最善を尽くすべきです。もしよい代替案があれば、もっと建設的な行動が取れるよう、政治家や議員に要請してください。戦争や暴力を止めることができるような洞察を得るために、私たちは個人としてだけでなく、国としても瞑想することを学ぶ必要があります。

集合的洞察

ベジタリアンの若い男性がいました。彼は、狂信的、独善的な理由からではなく、気づきによってベジタリアンになりました。彼はただ、動物の肉を食べる気になれなかったのです。彼の父親はこのことをとても不満に思っていたため、彼の家庭には調和も喜びもありませんでした。彼は父親を喜ばせるためだけに自分を変えることはできませんでしたが、家の中の緊迫した雰囲気をこれ以上放っておくこともできませんでした。彼は受け身のままでおらず、知性を使いました。

ある日、彼はビデオテープをもって帰宅して言いました。「お父さん、素晴らしいドキュメンタリー映画があるんだ」。そして彼は、父親と家族全員に動物の解体についてのビデオを見せたのです。父親は動物が解体される様子を見てとても苦しみ、その映像を見たあとにはもう肉を食べたくなくなっていました。彼の洞察は観念的なものではなく、直接的なものでした。彼は怒りにまかせたり、苦しみにおぼれることなく、慈愛、知恵、知性に基づいて行動したのです。彼は家族全員に、それぞれが内なる慈愛の心を養い、肉を食べることを止めるように説得することができたのです。ドキュメンタリー映像を見せたことは、とても巧みで、愛に満ちた行動でした。巧みに行動することは、大きな勝利をもたらします。

あなたが何らかの洞察を得て、その洞察が思いやりを生み、行動を起こしたいと思っても、個人でできることは限られています。もしほかの人たちが同じ洞察をもっていないのであれば、あなたの洞察を集合的なものにするために最善を尽くさなくてはいけません。とはいえ、あなたの洞察を他者に押し付けることはできません。あなたの考えを受け入れるように強要したとしても、それはただの考えであって、本当の洞察ではありません。洞察は考えではないのです。洞察を他者と分かち合うには、あなたがそう言ったからではなく、彼らが自分の体験をとおして同じ洞察を得られるよう、その状況を作るのを手伝うことです。これには巧みさと忍耐が必要です。

愛の再生を助ける

プラムヴィレッジに、22歳とまだとても若いシスターがいます。彼女は、ある母親と娘がもう二度と顔も見ない、と断言し合った直後に、二人の和解を手伝うことができました。3時間の間に、二人の対立を解消させることができたのです。最後には母と娘はお互いを腕に抱き合い、マインドフルに数回呼吸をする抱擁の瞑想を行いました。「息を吸って、私は生きていることに気づきます。息を吐いて、私は愛する相手が私の腕の中で生きていることに気づきます」。彼らはお互いの存在というギフトに気づき、「今、この瞬間」に深く触れ、お互いを抱擁するという行為に100パーセント集中したのです。それは癒しに満ちた時間でした。この実践をとおして、二人はお互いのことをとても愛していたことに気づきました。でも二人は関係性の中で、巧みな話し方や聴き方を心得ていなかったために、こんなにお互い愛し合っていたことに気づかずにいたのです。

怒りや嫌悪感があるからといって、愛する力、受け入れる力がなくなるということはありません。もしあなたが熟練した仲裁者、平和活動家であれば、あなたと相手の間に愛と理解を再生させることができるはずです。あなたの中に愛がない、などと決めつけないでください。それは真実ではありません、愛は常にあなたの中にあるのです。それは太陽の光のようなものです。雨が降ると太陽の光は雨雲の少し上にあります。雲の上に行けば、そこにはふんだんに太陽の光があります。ですから、あなたがもう愛などない、相手に対して嫌悪の感情しかないと思うとき、あなたは間違っています。その人が亡くなれば、あなたは泣いて、その人に生きていてほしいと思うでしょう。これは愛がある証です。相手が生きて存在している間にあなたの愛を現してください。愛を再現させるためには怒りへの対処の仕方を知っている必要があります。怒りは常に混乱や無知と関係が深いのです。

非難する心を越えて

あなたが5歳の女の子の先生だったとしましょう。母親が学校に女の子を迎えに来たとき、あなたは母親が攻撃的で、女の子につらい思いをさせていることに気づきます。あなたに何かできるでしょうか？

あなたにできることはたくさんあります。子どもが母親を理解するのを手伝うことができます。彼女はまだ5歳ですが、母親とのつらい思いを吐き出させる機会を与えてあげることもできるでしょう。あなたが彼女にとって、よい母親の役割を担うことができます。「二人で母親を助けよう」と伝えることもできます。母親が怒ったり暴力的になったりしたときに、状況を悪化させないためにどう対処し、対応すればよいかを教えてあげることもできるでしょう。この女の子を助けることはとても重要です。彼女が変われば、母親によい影響を与えるからです。

女の子の先生として、母親にはたらきかけることも可能です。もしあなたに思いやりと洞察力があれば、母親を助けることができます。そうでなければ、母親は間違っていて娘は正しいと結論づけ、母親の虐待的なふるまいを非難するだけでしょう。子どもと一緒に母親の暴力に対抗することはできますが、非難するだけでは十分ではありません。母親と父親に対しても思いやりと洞察に基づいた行動をとらなければいけません。子どもだけが助けを必要としている被害者のように見えるかもしれませんが、もし本当に子どもを助けたいのであれば、一見「敵」のように見える母親と父親を助けなければいけません。

両親を助けることは、子どもを助けることです。両親は無知、暴力、怒りに満ちていて、子どもが苦しんでいるのはそのためです。ですから両親に対して思いやりをもたなければいけません。苦しみの根を理解しなくてはいけません。教育者はこのことを理解し、子どもたちを守るために親を助けることができるよう、皆と協力しなくてはいけません。

国に仕える

フランス政府は暴力的な若者たちを何とかしようと懸命になっています。彼らにも洞察があるのです。若者の暴力や苦しみは社会に原因があることに気づいています。どのような対応をすべきか知るために、私たちは医師のように聴く必要があります。若者たちがなぜそのように暴力的になり、怒っているのかを知るために、私たちは社会という生命体に注意深く耳を傾ける必要があります。こうすれば、怒りと暴力の根が家族、つまり親たちの日常生活の送り方にあることが、そして家庭における暴力の根は社会の成り立ちや人々の消費の仕方にあることが分かります。

政府もまた人間です。政府も父親、母親、息子、娘たちで成り立っています。そして彼ら父親、母親、息子、娘たちも自分の家庭にある暴力を自らの内に抱えています。ですから、もしフランスの大統領が深く観る実践を行わなければ、自分の中の怒り、暴力性、憂うつや苦しみを観なければ、若い世代の暴力性、怒り、憂うつを理解することはできないでしょう。彼はまた、政府の役人たち、青少年を管轄する省や教育省などの職員たちの苦しみも観なければなりません。市民として、政府として、私たちは行動する必要があります。でも何に基づいての行動でしょう？　それは理解に基づいた行動です。

深く観ることにより私たちの社会における怒りや暴力の根に気づくことができれば、若者に対してももっと思いやりをもつことができるようになります。彼らをただ閉じ込めて罰することは何の助けにもならないことも分かるようになります。これはフランスのジョスパン元首相がおっしゃったことです。彼や彼の率いた政府にも洞察があったのです。そして私たちは人として、市民としてこのような洞察をさらに深める手伝いをすべきです。私たちは教育者として、親として、アーティストとして、作家として、政府を助けられるだけの深い洞察をもてるように実践すべきです。

たとえあなたが野党にいたとしても、実践するべきです。与党を助けるとき、あなたは国を助けているのです。あなたが助けるべきなのは国であって、政党ではありません。そしてもしフランスの現大統領が若者の状況改善のために何かしようとしていたら、国に仕えるということは大統領にあなたの洞察や助けの手を差し出すことです。

これはあなたの仲間や政党を裏切ることにはなりません。あなたの政党は国を支えるために存在しているのであって、与党や他の政党を妨害するためではないはずです。ですから政治家として、非二元の実践をする必要があります。思いやりは如何なる政治的所属をも超えることを分かってください。これは党利党略の政治ではなく、知性ある政治です。権力拡大ばかりを目指すのではなく、人道的で社会の健全性や幸福、変容を目指す政治もあるのです。

8

怒りという習慣のエネルギー

――デイビットとアンジェリーナ

デイビットという名の若者がいました。彼はとてもハンサムで頭もよく、裕福な家庭に生まれ、成功するために必要なものはすべてもっていました。でも彼は人生を楽しめずにいました。幸せになることができませんでした。彼は両親や兄弟、姉妹との間にたくさんの問題を抱え、家族とのコミュニケーションのとり方も分かりません。彼は大変自分勝手な人間で、自分の不幸をいつも父親、母親、兄弟や姉妹のせいにしていました。彼はとても苦しんでいましたが、彼が不幸なのは皆が彼を嫌っていたからでも罰したがっていたからでもなく、彼が愛すること、理解することができないからでした。数日間は友達ができるのですが、彼と一緒にいるのはとても困難なため、友達はすぐに去っていくのです。彼はとても傲慢で、自己中心的で、理解と思いやりに欠けていました。

ある日、彼は町にある仏教のお寺を訪ねました。しかし彼にとって法話はどうでもよく、法話を聞きに行ったのではありません。彼は友達がほしくてたまらなくて、新しい友達ができることを期待して行ったのでした。これまで誰一人として彼の友達であり続けられた人はいませんでした。彼は裕福でハンサムでしたから、彼と親しくなりたがる人はたくさんいましたが、皆、間もなく、彼のもとを去っていくのでした。

それでこの朝、彼はお寺に行ったのです。

友達のいない人生は地獄のようでした。彼は友達やパートナーと関係を長続きさせることができない一方で、友達やパートナーを渇望していました。彼がお寺に着くと、ちょうど中から出てきたグループとすれ違い、その中に大変美しい若い女性がいました。この若い女性の姿は彼の心を深く動かし、彼は打たれるように恋に落ちました。彼はもうお寺に入ることには関心がなくなり、振り返ってそのグループの後を追いました。しかし、デイビットが人混みに巻き込まれている間に、美しい女性はもういなくなっていました。

彼は彼女を見つけることができず、その美しい印象を心に抱いたまま家に帰りました。彼はその晩も、その次の晩も眠れませんでした。そして3日目の夜、彼は夢の中で白ひげをはやした美しい老人に会いました。その老人は言いました。「彼女に会いたければ今日、東の市場に行け」。まだ朝は来ていませんでしたが、彼はもう寝ていられません。彼は起きて昼まで待つと、その若い女性を探しに出かけていきました。

東の市場に着くと、市場にはあまり人がいませんでした。まだ早すぎたので、彼は本屋に入り中を見て回りました。ふと彼が見上げると、とても美しい若い女性の絵が壁にかかっています。それは3日前に彼がお寺で見かけたのと同じ若い女性でした。

同じ瞳、同じ鼻、同じ口元。夢の中で、市場に行けばあの女性に会えると言われましたが、彼が会えたのは絵だけ……あの老人が言ったのはこういうことだったのかもしれません。彼は「僕に値するのは絵だけなのかもしれない。僕は実物には値しないんだ……」と考えました。彼は本を買う代わりに、お金をすべてはたいてその絵を買いました。そして絵を持ち帰り、大学の寮の部屋の壁にかけました。

彼はひとりぼっちでした。彼には友達もいませんでした。大学の食堂にも行かず、よく部屋でカップ麵を食べていました。読者の方はすでに、デイビットはアジア人だということがお分かりかもしれません。その日、彼はカップ麵を2杯とお箸を2膳用意しました。一つは絵の中の女性のためです。彼は自分のカップ麵を味わいながら、時々絵を見上げては、絵の中の女性にも食べるようにと勧めるのでした。

人とコミュニケーションをとれない人々がいます。彼らは猫や犬を同伴者として暮らし、猫や犬にすべての愛と関心を注ぎ、一番高い餌をペットに買い与えます。多くの人にとって、決して口応えをしない猫や犬のほうが愛しやすいのです。たとえあなたが何か嫌なことを言っても、ペットは反応しません。デイビットも同じでした。彼は絵の中の女性とは平穏に暮らすことができても、もし実物の彼女がそこにいたら、1日たりとも一緒に暮らすことはできなかったかもしれません。

ある日、彼は1杯の麺を食べきれずに残しました。人生はまったく味気ないものに思え、もう身動きがとれませんでした。そして彼は絵を見上げました。「そもそも生きていて何になるんだ?」と聞こうとしたそのとき、彼女がまばたきをして微笑んだのです。デイビットは大変驚きました。夢を見ているのかと思いました。彼は目をこすり、もう一度見上げると彼女は元通り、完全に静止してそこにいます。

数日後、彼は再び彼女がまばたきをして微笑むのを見ました。彼はとても驚いて絵を見続けていると、彼女は突然、実物の人間になり絵から抜け出してきました。彼女の名前はアンジェリーナ(天使)と言いました。天国から来たからです。この若い男性の喜びようは想像もできないほどです。彼は楽園にいるかのようでした。このような美しい若い女性を友達にもてるなんて、これ以上素晴らしいことがあるでしょうか?

でも読者の皆さんは話の続きがもうお分かりかもしれません。彼は、アンジェリーナのように朗らかで心やさしい人とでさえも幸せになることができませんでした。3、4ヶ月後、彼女は彼のもとを去っていきました。デイビットのような人と一緒に暮らすのは不可能でした。ある朝彼が目を覚ますと机の上に書き置きがありました。「デイビット、あなたと暮らすことは不可能です。あなたは自己中心的過ぎて、誰の言うことも聞く余地がないのですね。あなたは頭が良くてハンサムで裕福です。でも人と関係性を保つ方法を知らないのですね」。彼女はもう二度と帰ってくるつもりはありませんでした。その朝、デイビットは自殺したいと思いました。あのようにやさしくて美しい女性とさえうまくいかないようなら、彼には何の価値もないに違いないと思ったのです。彼は自分の首を吊るロープを探しました。

フランスでは毎年、1万2千人の人々が自殺します。1日約33人です。あまりにも多過ぎます。そしてデイビットもそのうちの一人になろうとしていて、あなたの助けを待っています。アメリカでもヨーロッパ全体でも自殺率は非常に似通っています。人々は絶望感に打ちのめされています。多くの人々が、コミュニケーションできなくなり、生きる意味を見失っています。

心の香をあげる

デイビットがロープで結び目を作っていると、突然、以前アンジェリーナが「もしある日、私があなたのもとからいなくなって私をとても恋しく思ったら、お香を焚いて」と言ったことを思い出しました。アンジェリーナがデイビットを説得してお寺に法話を聞きにいった日のことでした。お寺では僧侶が、コミュニケーションの一つの方法としてお香をあげることについて説いていました。「お香を焚くとき、あなたはブッダ、菩薩、ご先祖様たちとコミュニケーションをとろうとしているのです。私たちがご先祖様たちとコミュニケーションをとることができれば、私たちの周りにいるブラザーやシスターたちともコミュニケーションをとることができます」

デイビットはアンジェリーナのそばに座ってはいましたが、あまりよく話を聞いていませんでした。とはいえ、そのことについて記憶がある程度には聞いていました。二人がお寺を出ると、アンジェリーナはデイビットのほうを見て「デイビット、もしいつの日か私と連絡が取りたくなったらお香をあげて」と言いました。これを思い出して、彼はロープを放り出し、近くのお店に走っていき、お香の束を買ってきました。しかしデイビットはお香の焚き方を知りません。プラムヴィレッジではお香を焚くときは毎回1本だけを使います。彼は束を丸ごと使ったので、数分のうちに部屋は煙でいっぱいになりました。15分、30分、1時間と待ちましたが、アンジェリーナは現れません。そこで彼は僧侶の言っていたことを思い出しました。「真のコミュニケーションを可能にするためには、心の香、すなわちマインドフルネスの香をあげなければいけません。それは集中の香、気づきの香です」。注意深さをともなわずにお香をあげることはできません。

彼はその場に座り、自分の状況について深く考えました。そして自分が親や兄弟、姉妹、友達、社会とうまくいかなかったことを自覚しました。アンジェリーナとでさえ失敗したのです。彼は自分の苦しみをいつも他人のせいにばかりしてきたことに気づき始めました。彼がわずかでも集中の時間をもったのはこれが初めてで、彼は洞察を得始めました。静かに座り、自分が親に対して不誠実であったこと、コミュニケーションが成り立たなかったのは自分にも原因があることに気がついたのは、人生で初めてのことでした。彼は皆を責めてきました。自分にも責任があったことを理解したことはありませんでした。アンジェリーナのようにやさしく美しい人とでさえも、彼はうまくいかなかったのです。

初めて、涙が彼の頬を伝い、これまで自分が親、兄弟、姉妹、友達にとってきた態度を心から悔いました。彼はとても遅い時間に酔って家に帰り、アンジェリーナを罵《ののし》ったことを思い出しました。このようなことを思い返していると突然、苦しみと不幸に満ちた彼の心に、思いやりの雫《しずく》が染み込んでいきました。彼は泣き続けました。泣けば泣くほど、彼は心が新しく生まれ変わるのを感じました。彼の中で変容が起きたのです。

彼は、「五つのマインドフルネス・トレーニング」に沿って生きること、深く聴くこと、愛をもって話すことなど、アンジェリーナが伝えようとしていたことを理解し始めました。彼は新しくやり直したいという意欲に駆られ、アンジェリーナがもし帰ってきたら、別人のように生まれ変わろうと自分に言い聞かせました。「今度こそ彼女を大切にし、幸せを実現するのだ」と。その瞬間、ドアをノックする音が聞こえました。アンジェリーナが戻ってきたのです。デイビットはわずか1時間ほど実践しただけでしたが、彼の変容は根源的なものでした。

私たちの中のデイビットとアンジェリーナ

デイビットをただの物語の中の人物、過去の人だなどと思ってはいけません。デイビットは今も生きて、ここ、私たちの中に座っています。アンジェリーナも同様です。デイビットは頭がよくハンサムでしたが、自分の不幸をいつも人のせいにするという、とても強い習慣のエネルギーがあったことを思い出してください。彼は親、兄弟、姉妹、友達とコミュニケーションがとれませんでした。彼は皆を苦しめました。彼はみんなを不幸にしたいわけではありませんでしたが、彼の習慣のエネルギーはあまりにも強く、彼自身も避けることができなかったのです。彼は孤独で、ここまで孤独なのは世界中で自分一人だと信じていました。彼は誰かに理解されること、彼の傍らにいてくれる誰かを渇望していました。私たちは皆、この要求をもっています――これはとても人間らしいものです。私たちは、自分のことを本当に理解し、人生の困難に立ち向かうことを助けてくれる誰かが必要なのです。

ですからデイビットを理解することは難しくありません。彼の切実な願望も、困難も理解できます。ある日、アンジェリーナが彼の人生に登場しました。時々、私たちにもこのような幸運が訪れます。とても良い人が人生に足を踏み入れてくれることがあります。もし私たちがこの人を大切にする方法を知っていれば、人生はより意義深いものになります。しかし自分自身や習慣のエネルギーへの対処の仕方を知らなければ、私たちはアンジェリーナを大切にする方法も分かりません。そして私たちは彼女に腹を立て、彼女を不当に扱ってしまうのです。私たちのふるまいによって苦しんだために、彼女は去ったのです。

アンジェリーナを失わないために

アンジェリーナが絵から抜け出してきて実在する人間になった瞬間、彼女はデイビットに天使のようにやさしく微笑みかけます。彼女はカップ麵を見て、「どうしてそんなジャンクフードを食べられるの？　少し待ってて」と言って消えます。そして間もなく彼女は新鮮な野菜の入ったかごを持って現れます。彼女は、これまでデイビットが食べ慣れていたインスタントのものとはまったく違う、とても美味しい麺を作りました。

アンジェリーナには才能があります。彼女はあなたをどうしたら幸せにできるか知っています。でもあなたは感謝もせず、理解を欠いていました。あなたはアンジェリーナを守ることができなかった、だから彼女は去ったのです。もしかしたらあなたはアンジェリーナで、デイビットと一緒にいることがあまりに困難なため、彼のもとを去ったほうがかもしれません。あなたは彼を助けるために最善を尽くしましたが、彼と一緒に暮らすのは不可能でした。彼は、あなたがアンジェリーナであることに気づけなかったのです。彼の習慣のエネルギーが、彼の体や心を蝕む生活や消費を続ける後押しをしたのです。彼は毎晩バーへ行き、あなたがどれだけ懇願しても、お酒をやめられませんでした。夜、帰宅してはあなたに暴力をふるいました。彼はあなたの言うことをまったく聞きませんでした。あなたがどれだけやさしく、辛抱強くいようとしても、彼はいつもあなたの話を中断し、最後まで話し終える余地を与えず、一切話を聞きませんでした。あなたは辛抱しましたが、あなたにも限界があります。コミュニケーションが成立しなくなり、あなたは諦めました。

あなたのアンジェリーナは今どこに?

デイビットは誰で、アンジェリーナは誰でしょう? この質問に答えてほしいのです。あなたはデイビットですか? もしあなたがデイビットならば、あなたのアンジェリーナは今どこにいますか? 彼女は今もあなたとともにいますか、それとも去っていきましたか? あなたは彼女にどう接していましたか? 大切にしましたか? 彼女を幸せにできましたか? 私たちはこれらを自分自身に問わなくてはいけません。「私のアンジェリーナは今どこにいるのだろう? 私は彼女に何をしたのだろう?」。これらは深く観ることを助けてくれるとても重要な質問です。

これは真の瞑想です。デイビットはあなたのパートナーかもしれません。アンジェリーナがあなたのパートナーかもしれません。アンジェリーナもデイビットも、男性でも女性でもよいのです。

アンジェリーナはあなたの人生に足を踏み入れました。最初のうち、あなたは彼女と一緒にいることがとても幸せで、彼女の存在を大切にしました。彼女と一緒なら人生をやり直せると思いました。でもその意識を維持することはできませんでした。アンジェリーナが人生の贈り物だという気づきをあなたは失ってしまいました。あなたがあまりにも彼女を苦しめたので、彼女は去っていきました。

彼女はあなたに「五つのマインドフルネス・トレーニング」をするように懇願しましたが、あなたの強い習慣のエネルギーのために、あなたは一度も受け入れませんでした。彼女は節度をもって消費するように、タバコとお酒をやめるようにと懇願しました。彼女は愛をもって語り、深く聴き、あなたの中のネガティブな種に水をやるような人たちではなく、よい人たちと関係をもつようにとあなたを促しました。でもあなたは決して彼女の言うことを聞きませんでした。あなたは習慣のエネルギーに後押しされた自分の生き方を続けたため、彼女は去るしかなかったのです。

あなたのアンジェリーナはあなたの娘や息子かもしれません。彼らはあなたの人生に登場しました。彼、彼女にどのように接してきましたか？　あなたは自分の息子や娘と調和し、心穏やかに、愛をもって暮らせますか？　それともあなたはアンジェリーナとうまくいっていないのでしょうか？　もしかするとアンジェリーナはもう家から出て行ったのかもしれません。物語の中でデイビットはアンジェリーナが去った後、自殺をしそうになります。でも彼がお香によるコミュニケーションについての話を思い出すと、彼の悲しみはたちまち希望へと変わりました。彼は、気づきと集中のお香をあげれば、アンジェリーナが彼のもとへ帰ってくると信じたからです。そして彼は落ち着いて自分の人生について考え、振り返る機会を得たのです。

新しく始める

毎日の生活で、私たちはいつも走り続けています。自分の人生について立ち止まって深く観る余裕も機会もありません。しかし、理解するためには、振り返り深く観る必要があります。

デイビットは45分間、部屋に座り、自分の人生を振り返りました。彼は多くの洞察を得ると、涙を流し始めました。彼は生まれて初めて泣きました。自分の習慣のエネルギーに気づき、両親や友達、兄弟や姉妹、そして自分自身も含め、自分の周りの人たちに与えた被害を自覚したからです。

私たちは座る瞑想を毎日実践していたとしても、このような洞察を得ているでしょうか？　座る瞑想のときには、アンジェリーナがあなたの人生に天使のように足を踏み入れていることに気づかなくてはいけません。そしてあなたと彼女の間がどのように悪化したのか、あなたが彼女をどう扱い、どのように苦しめ、彼女が去っていったかに気づかなくてはいけません。二人の関係をこのように考えることができれば、あなたは深い瞑想を実践していることになります。その中から得られる洞察は、あなたがすべきこととすべきでないことを明確に伝えるでしょう。心のお香をあげ、アンジェリーナを呼び戻すことは可能です。アンジェリーナはいつもそこにいます。彼女の心にはまだ愛があります。もしあなたが心のお香、マインドフルネス・トレーニングのお香、集中、洞察のお香をあげる方法を心得ていれば、彼女はあなたを許してくれるでしょう。

もしかするとあなたの人生には幸運にも、一人以上のアンジェリーナが足を踏み入れているかもしれません。パートナー、息子、娘、父親、母親もまたあなたのアンジェリーナです。実践とは、アンジェリーナを本当の名前で呼ぶこと、そして彼らがあなたのアンジェリーナでいてくれることに気づき、感謝することです。自分の人生にアンジェリーナが来たことはない、などと言ってはいけません。それは真実ではありません。気づきとともに静かに座り、彼の、彼女の名前を呼んでください。「僕のアンジェリーナ、ごめんなさい。君が僕の人生に足を踏み入れたのに、僕は君を苦しめてしまった。僕は同時に自分自身をも苦しめていた。そんなつもりではなかったのに。僕は未熟だった。『マインドフルネス・トレーニング』を行い、自分自身や君を守る方法を知らなかった。もう一度新しくやり直させてほしい」

私のアンジェリーナを守る

私もまた、デイビットです。私の人生には何人もアンジェリーナがいます。私の小さな瞑想部屋には、100人のアンジェリーナの写真があります——彼らはフランスやアメリカにある私たちの僧院に住む私の生徒たちです。座る瞑想を行う前、私はいつもその写真を見て、私のアンジェリーナたちすべてにお辞儀をします。そして私は座り、私のアンジェリーナたちが決して自分のもとを去らないような生き方をしようと誓います。私はマインドフルに話す実践を行うこと、マインドフルネス・トレーニングを実践すること、私のアンジェリーナを裏切らないことを誓うのです。こうすることによって、私は私のアンジェリーナたちに苦しみを生み出すことを避け、喜びをもたらすことができます。このことは私をとても幸せにしてくれます。

もしあなたのアンジェリーナが去ってしまったとしたら、彼女を人生に取り戻すためにあなたは何をしますか？　あなたのアンジェリーナは、今はあなたと一緒でもまさに去る直前か、あるいはすでに去った後かもしれません。どちらの場合にしても、彼女を守り、取り戻すことを助けてくれる、守りの実践を行うことがふさわしいでしょう。抽象的な概念にとらわれないでください。精神的な教えは生きたものとして、あなたのアンジェリーナを守る助けとなってくれます。真の知恵と思いやりは本当の苦しみに触れることから生まれます。これこそが、その状況にふさわしく有効かつ適切な真理です。すべての時間とエネルギーをかけて自分を振り返り、問いかけてください。「私のアンジェリーナは今どこにいるのだろう？」「私は彼女にどう接していただろう？」「もし彼女が去ってしまったなら、彼女に帰ってきてもらうために何をすればよいのだろう？」と。

9 マインドフルネスとともに怒りを受け入れる

怒りのしこり

私たちの意識の中には、痛み、怒り、不満など「内なる形成物」と呼ばれるもののかたまりがあります。それらは私たちを縛りつけ、自由を奪うため、しこりとも呼ばれています。

誰かに侮辱されたり、不親切なことをされると、私たちの意識の中に内なる形成物が生まれます。もしこの内なるしこりをほぐし変容させる方法を知らなければ、そのしこりは長い間そこにあるままになります。そして次に誰かが同じようなことを言ったりしたりしたとき、その内なる形成物はさらに強固なものになります。私たちの心のしこり、あるいは痛みのかたまり、内なる形成物は、私たちを支配し、行動を左右させるほどの力をもっているのです。

時間が経つと、しこりをほぐし変容させることが難しくなり、圧縮され結晶化した形成物を緩めることができなくなります。サンスクリット語では内なる形成物を「samyojana《サムヨージャナ》」と言います。これは「結晶化する」という意味です。私たちは誰でも、世話をすべき内なる形成物をもっています。瞑想の実践により、私たちはしこりをほぐし、変容と癒しを経験することができます。

内なる形成物は必ずしもすべて不愉快なものではありません。中には心地よいものもありますが、それらもやはり私たちを苦しめます。何か心地よいものを味わったり、聞いたり、見たりすると、その喜びが強固な内なるしこりとなり得るのです。喜びの対象が消えたとき、あなたはそれが恋しくなり、それを探し始めます。もう一度それを経験しようと多大な時間とエネルギーを費やします。例えば、マリファナを吸ったりお酒を飲み、それを楽しみ始めるとそれはあなたの心と体の中で内なる形成物となります。そのことを考えずにはいられなくなります。そして常にもっと欲しくなります。内なるしこりの強さがあなたを動かし、支配しているのです。このように内なる形成物は私たちから自由を奪います。

恋に落ちることも重大な内なる形成物です。恋に落ちると、その人のことだけを考えます。あなたはもう自由ではありません。何も手につかなくなります。あなたは愛の対象のことしか考えられなくなります。だから私たちはまるで事故か何かのように「恋に落ちる」と言うのです。このように愛も内なるしこりとなり得ます。

ドラッグ、お酒、タバコは私たちの体に内なるしこりを作ります。怒り、渇望、嫉妬、悲しみも私たちの心に内なる形成物を作ります。愉快なものであれ不愉快なものであれ、どちらのしこりも私たちの自由を奪います。だからこそ私たちは、これらのしこりが私たちの中に根を張らないように、自分の体と心を注意深く守るべきなのです。

攻撃の練習

怒りは私たちを苦しめる内なる形成物であるため、私たちはそれを取り除くよう最善を尽くします。一部の心理学者は「憂さを晴らす、ストレスを発散させる」という表現を使い、煙でいっぱいの部屋を換気するかのように怒りを発散させるように勧めます。怒りの感情が湧き上がったら、枕を叩いたり何かを蹴ったり、森に入って大声で叫んだりして怒りを吐き出すようにと言います。

子どもの頃、人を傷つけ、友達との関係を壊すような悪い言葉を使うことを親から禁じられていたでしょう。この抑圧された感情を解き放つために、森や人気のないところに行ってこのような言葉を思いっきり、はっきりと叫んだことがあるかもしれません。これも「発散」です。

枕を叩いたり大声で叫んだりして発散のテクニックを使う人たちは、実は怒りのリハーサルをしています。怒りを感じた時に枕を叩いて発散させるとき、それは危険な習性を身につけていることになります。それは攻撃の練習をしているようなものです。そうではなく、私たちはマインドフルネスのエネルギーを生み出し、怒りのエネルギーが現れるたびに抱きしめ受け入れるのです。

やさしく怒りを扱う

マインドフルネスは、怒りや悲しみと衝突し合うものではありません。マインドフルネスとは、認識するためのものです。何かに気づくということは、今この瞬間に何かがそこにあることを認識することです。マインドフルネスとは、この瞬間に起きていることに気づく力です。「息を吸い、私は自分の中に怒りが生じたことを知る。息を吐き、私は怒りに微笑みかける」。これは抑制したり抵抗することではなく、認識することです。一度怒りを認識したら、大いなる自覚と、大いなるやさしさをもって怒りを受け入れます。

部屋が寒いとき、ヒーターをつけると、温風が出ます。部屋を暖めるために、冷気が部屋を去る必要はありません。冷気は熱気に包み込まれて、暖かくなるので、冷気と熱気の間に衝突はありません。

私たちは怒りに対しても同じような接し方をします。マインドフルネスは怒りに気づき、その存在を認め、受け入れ、そこにあることを許します。気づきは、弟の苦しみを抑えつけない兄のような存在です。彼はただ「親愛なる弟よ。私は君のためにここにいるよ」と言うだけです。そして弟を腕に抱き、安心させます。これがまさに私たちの実践です。

自分の赤ちゃんが泣いているときに、赤ちゃんを怒って叩く母親を想像してみてください。この母親は赤ちゃんと自分が一つであることを分かっていません。私たちは自分の怒りの母親です。私たちは赤ちゃん、つまり怒りを助けるべきであり、抗い破壊させてはいけません。怒りは私たちであり、思いやりもまた私たちなのです。瞑想することは闘うことではありません。仏教において瞑想とは、受け入れ変容させる実践であり、闘う実践ではありません。

怒り、苦しみを利用する

悟りの木を育てるために、私たちは痛みや苦しみをうまく利用すべきです。それは蓮の花を育てるようなものです。蓮は大理石の上では育たず、泥がなくては育たないのです。

瞑想の実践者は、内なる形成物をえり好みしたり拒否したりしません。自分自身を、善が悪と闘う戦場にするようなことはしません。私たちは自分の苦痛、怒り、嫉妬に大いなるやさしさをもって接します。自分の中に怒りがこみ上げてきたときは、すぐに意識的な呼吸の実践を始めるべきです。「息を吸って、私は自分の中に怒りがあることに気づいています。息を吐いて、私は怒りの世話をします」。まさに母のように接するのです。「息を吸って、私の赤ちゃんが泣いていることに気づいています。息を吐いて、私はこの子の世話をします」。これが思いやりの実践です。

自分自身に思いやりをもって接することができなければ、ほかの誰に思いやりをもって接することができるでしょう？　怒りが込み上げてきたら、マインドフルな呼吸とマインドフルな歩行を続けてマインドフルネスのエネルギーを生み出してください。あなたの中にある怒りをやさしく抱きしめ続けてください。怒りはしばらくの間、そこにあるかもしれませんが、あなたはもう安全です。なぜならあなたの中にはブッダが存在し、あなたが怒りの世話をするのを手伝ってくれるからです。マインドフルネスのエネルギーはブッダのエネルギーです。意識的な呼吸を行い怒りを抱きしめるとき、あなたはブッダに守られています。それは間違いありません。ブッダはあなたとあなたの怒りを大いなる慈悲の心で抱きしめてくれています。

マインドフルネスのエネルギーを与え、受け取る

怒っているとき、悲しみがあるとき、マインドフルな呼吸とマインドフルな歩行を実践してマインドフルネスのエネルギーを生み出します。このエネルギーにより、辛い気持ちを認め、受け入れることができるようになります。もしあなたのマインドフルネスが十分でないと感じるときは、実践を積んでいるブラザーやシスターの助けを借りて一緒に座ったり、呼吸をしたり、歩行をしてもらい彼らのマインドフルネスのエネルギーに支えてもらいましょう。

マインドフルネスを実践するということは、すべて一人でやらなければいけないということではありません。友達の支えとともに実践すればよいのです。彼らは、あなたが強い感情に対処するために、十分なマインドフルネスのエネルギーを生み出してくれます。

また私たちは、マインドフルネスによって困難に直面している人を支えることもできます。子どもが強い感情に溺れているとき、私たちはその子の手を取り、「いい子ね、息をしてみよう。ママ、パパと一緒に息を吸って、吐いて」と言ってあげることができます。また、子どもと一緒に歩く瞑想をしてもよいでしょう。手をとり、踏み

出す一歩ごとに気持ちを静めるのを手伝います。あなたのマインドフルネスのエネルギーをあなたの子どもに与えると、子どもはとても早く落ち着きを取り戻し、自分の感情を受け入れられるようになります。

怒りの苦しみを認め、受け入れ、解放する

マインドフルネスの最初のはたらきは、逆らうことではなく認識することです。「息を吸って、自分の中に怒りが現れたのを知る。こんにちは、私のかわいい怒り」。息を吐いて言います。「私はちゃんとあなたの世話をします」

怒りを認識したら、次にそれを受け入れます。これはマインドフルネスの第二のはたらきで、とても心地よい実践です。逆らう代わりに、自分の感情をていねいに世話するのです。もし怒りの受け入れ方を知っていれば、変化が起きます。

私たちは何度もこの話をするのですが、それはじゃがいもを茹でるのに似ています。鍋にフタをしてお湯が沸くのを待ちます。じゃがいもが茹であがるまで20分間は火にかけておく必要があります。怒りはじゃがいものようなもので、生のままでは食べられません。マインドフルネスは怒りのじゃがいもを茹でる火のような存在です。最初の数分間、怒りをやさしく認め、受け入れることが結果をもたらします。安心感を

得られます。怒りはまだそこにあっても、あなたはもうそこまで苦しみません。あなたは赤ちゃんの世話をする方法を知っているからです。マインドフルネスの第三のはたらきは落ち着かせ、和らげることです。怒りはまだそこにありますが、もう対処されています。泣き叫ぶ赤ん坊が一人で放って置かれているような混沌とした状態はもうありません。赤ん坊を世話する母親がいるので、事態は落ち着いています。

マインドフルネスを生かし続ける

その母親は誰でしょう？　母親は生けるブッダです。気づく力、理解し、愛し、気遣う力は、私たちの内なるブッダです。マインドフルネスを生み出す度に、私たちの内なるブッダは現実のものとなります。内なるブッダが存在していれば、もう何も心配することはありません。内なるブッダを生かし続ける方法さえ知っていれば、すべてはうまくいきます。

私たちの中には常にブッダがいることに気づくことが大切です。私たちが怒っているとき、不親切なとき、落胆しているときでさえ、ブッダはいつも私たちの中にいます。つまり、私たちには常にマインドフルで理解深く、愛深くある力を潜在的にもっているということです。

内なるブッダに触れるためには、マインドフルな呼吸や歩行の実践をする必要があります。意識の中にあるマインドフルネスの種に触れると、顕在意識にブッダが現れ、あなたの怒りを包み込みます。何も心配することなく、ブッダを生かし続けるように呼吸と歩行の実践を続けてください。そうすればすべてがうまくいきます。ブッダは怒りに気づき、受け入れ、和らげ、怒りの本質を深く見つめます。そしてブッダは理解します。この理解が変容をもたらすのです。

マインドフルネスのエネルギーには、集中と洞察のエネルギーも含まれています。集中は、一つのことだけに焦点を合わせる力です。集中すると、観るエネルギーがより強いものになります。そのおかげで洞察という突破口を開くことができるのです。洞察は常にあなたを自由に解放する力をもっています。あなたがマインドフルネスとともにあり、マインドフルネスを生かし続ける方法を知っていれば、あなたは集中とともにあります。そして集中を生かし続けることができれば、洞察も得られます。このように、マインドフルネスは認識し、受け入れ、和らげるものです。マインドフルネスは、私たちが深く観ることを助け、洞察をもたらしてくれます。洞察は、私たちを解放するものです。私たちを苦しみから自由にし、変容を起こさせるのは洞察です。これが怒りに対処するための仏教の実践です。

地下室と居間

私たちの意識を家にたとえてみると、二つの部分があることが分かります――地下室である潜在意識と、居間である顕在意識です。怒りなどの内なる形成物は、潜在意識、つまり地下室に種の形で置かれています。そしてあなたがこの怒りの種に触れる何かを見聞きしたり、読んだり考えたりすると、それは顕在意識、つまり居間に上がり、その姿を現します。それは居間の雰囲気を重苦しくする不愉快なエネルギーの領域として現れます。怒りのエネルギーが上がってくると、私たちは苦しみます。

怒りが現れると、実践者は即座に意識的な歩行と呼吸の実践をとおしてマインドフルネスのエネルギーを生み出すようにします。こうしてマインドフルネスのエネルギーという別のエネルギー領域が生まれます。意識的な歩行や呼吸、意識的な掃除や仕事、私たちの日常生活における実践の方法を学ぶことはとても大切なことです。そうすれば、ネガティブなエネルギーが現れても、それを包み込み、対処するためのマインドフルネスのエネルギーの生み出し方が分かります。

心の循環も大切

私たちの体には毒があり、血液の循環がよくなければ体のあちこちに毒が溜まります。健康でいるためには、臓器から毒を出さなければいけません。マッサージは血行をよくし、血行がよくなると、腎臓、肝臓、肺などの臓器に栄養が届き、体内の毒を出せるようになります。ですから、血行をよくするのは大切なことです。水をたくさん飲んで深呼吸をすると、皮膚や肺、尿、排泄物などをとおして毒を出すのを助けます。体内から毒を出す行為はすべてとても重要です。

私の体に、毒が溜まってとても痛いところがあるとしましょう。触れる度に、そこが痛みます。これは心のしこりに触れることと同じことです。マインドフルネスのエネルギー、マインドフルネスの実践は内なる形成物のマッサージのようなものです。あなたの中の苦しみ、痛み、悲しみ、絶望のかたまりは、あなたの意識の中にある毒です。この毒を受け入れ、変容させるためにマインドフルネスの実践をしなくてはいけません。

マインドフルネスのエネルギーで痛みや悲しみを受け入れることとは、体ではなく心をマッサージするのとまったく同じことです。血液の循環が悪いと、内臓の機能が低下して病気になるように、心の循環が悪ければ、心も病気になるのです。マインドフルネスは、痛みのかたまりを刺激し、循環を促すエネルギーです。

居間を塞ぐ

痛みや悲しみ、怒り、絶望のかたまりはいつも顕在意識、つまり居間に上がってきたがります。それらは大きく育ち、私たちの注意を引こうとします。かたまりは地下室から居間に姿を現したがりますが、私たちはそれらと向き合いたくないために、自分の居間をほかのゲストでいっぱいにしようとします。でも10分、15分と空いた時間をもてあますと、内なるしこりたちは上がってきて居間を散らかします。これを避けるために、私たちは本を手に取ったり、テレビをつけたりドライブに出かけたりして、居間をいっぱいにしようとします。居間が塞がっている間は、これらの不愉快な内なる形成物たちは上がってこないからです。

すべての心の形成物は循環する必要がありますが、私たちは痛みを感じたくないため、不愉快な形成物をどこかに閉じ込めておきたいのです。私たちは、それらを表に出してしまったら辛い思いをすると思い込み、とても恐れています。だから私たちは日常生活で、テレビ、本、雑誌、会話などで居間をゲストでいっぱいにしておくのです。これを続けていると、心に悪循環が生まれ、精神疾患やうつの症状が現れ始めます。症状は体に出ることも、心に出ることもあります。

頭痛薬を飲んでも痛みがなくならない頭痛は、精神疾患の症状の可能性があります。アレルギーも、肉体的な問題だと思いがちですが、精神疾患の可能性があります。医師から薬を飲むように勧められ、私たちは内なる形成物を抑え続け、病状を悪化させるのです。

招かれざるゲストを迎え入れる

障壁を取り除き、痛みのかたまりが居間に上がってきたら多少は苦しみを感じるでしょう。これを避ける方法はありません。それ故に、ブッダは痛みを受け入れる方法を学ばなければいけないと説いたのです。だからこそ、マインドフルネスの実践が重要なのです。これらのネガティブなエネルギーを認め、受け入れ、対処するために強いエネルギー源を生み出すのです。あなたの中にはマインドフルネスのエネルギーとしてブッダが存在しているのですから、ブッダにも上がってきていただき、内なるしこりを受け入れるのを手伝ってもらうのです。内なるしこりが居間に上がってきたがらなければ、なだめてでも上がってくるようにするのです。しばらく受け入れてもらえば、彼らは地下室に戻ってまた種の状態に戻ります。

例えば、ブッダはこのようなことをおっしゃっています。私たちは皆、怖れの種をもっていますが、ほとんどの人はそれを抑え、暗いところに閉じ込めています。怖れの種を見つけ、受け入れ、深く観るために、ブッダは「五つの怖れの種」について瞑想することを提示しました。

●私は年老いる性質をもつ者である。年をとることを避けることはできない。
●私は病気になる性質をもつ者である。私は病気を避けることはできない。
●私は死ぬ性質をもつ者である。死ぬことを避けることはできない。
●私にとって大切なもの、私が愛するすべての人々は変化する性質のものである。それらから引き離されることを避けることはできない。私は何ももち続けることはできない。私は何ももたずに生まれ、何ももたずに死ぬ。
●私の行動が、私の唯一の真なる所有物である。私は自分の行動の結果を避けることはできない。私の行動こそが、私の存在の土台となるものである。

私たちは毎日、このように実践しなくてはいけません。呼吸を意識しながら、それぞれの項目について数分間ずつ黙考するのです。怖れの種が循環するようにこの「五つの怖れの種」の瞑想を行います。怖れの種を認め、受け入れるために表に招き出さなければいけません。再び地下に戻るときには、それらは小さくなっています。

このように怖れの種を表に招き出すときは、怒りに対処できるように備えておかなければいけません。怖れは怒りに活力を与えるからです。怖れがあるときは心に平和がなく、それが怒りを育てる土壌となるのです。怖れは無知に基づいていますが、この理解の欠如もまた怒りの主な原因です。

内なる形成物をマインドフルネスのお風呂に入れる度に、痛みのかたまりは軽くなり、危険性も減っていきます。ですから、あなたの怒り、悲しみ、怖れを、毎日マインドフルネスのお風呂に入れてください――それが実践です。マインドフルネスがなければ、これらの種が現れることはとても不愉快なことです。マインドフルネスのエネルギーの生み出し方を知っていれば、それらを毎日招き出し、受け入れることは、大きな癒しになります。このように毎日それらを上に上げ、再び地下に下げることを数日か数週間続ければ、心の循環がよくなり、精神疾患は消えてゆくでしょう。

マインドフルネスは、内なる形成物や苦しみのかたまりをマッサージするものです。循環をよくしなければいけません。そのためにはあなたがそれらを怖がらないことが条件です。苦しみのしこりを怖がらないことを覚えれば、マインドフルネスのエネルギーでそれらを包み込み、変容させる方法も分かるようになります。

10 マインドフルな呼吸

呼吸で怒りを包み込む

心に怒り、嫉妬、悲しみのエネルギーが現れたとき、対処法を知らなければ私たちはそのエネルギーに圧倒され、とても苦しみます。マインドフルな呼吸は、感情と向き合うことを助けてくれる実践です。

感情に対処するためには、まず体を大切にする方法を学ばなければいけません。吸う息、吐く息に意識をもつことにより、私たちは自分の体にも意識をもちます。「息を吸って、私は全身を感じる。息を吐いて、私は全身を感じる」。自分の体に戻り、マインドフルな呼吸の実践によって生み出されたマインドフルネスのエネルギーで、体を包み込んでください。

日常生活において、私たちはとても忙しく、体がいかに重要かを忘れがちです。体は苦しみ、病んでいるかもしれません。自分の体に戻り、マインドフルネスの意識でやさしく包み込む方法を知らなくてはいけません。母親が腕に赤ん坊を抱くのと同じです。自分の体に戻り、やさしさとマインドフルネスのエネルギーで体を包み込むのです。全身を包み込んだら、今度は体の各部位——目、鼻、肺、心臓、胃、腎臓などをすべて一つ一つ包み込んでいきます。

怒りを受け入れ、癒す深いくつろぎ

これを行うのに最もよい体勢は、横になることです。心臓など、どこか体の部位に意識を集中させます。息を吸う度に自分の心臓を感じ、息を吐く度に心臓に微笑みかけます。心臓にあなたの愛、やさしさを送るのです。

マインドフルネスのエネルギーは、体のすべての部位をはっきりと映し出す光線のようなものです。最近の病院には、体の各部位をよく見るためのスキャナーがありま す。でも、これらのスキャナーの光線は、X線の光線であり、マインドフルネスの愛の光線ではありません。

私たちは、このようにマインドフルネスの光線で体をスキャンする実践を、深いくつろぎ（付録D「深いくつろぎ」を参照）と呼んでいます。マインドフルな呼吸のもう一つの行い方に、「息を吸って、私は全身を静める。息を吐いて、私は全身を静める」というものもあります。体は興奮したり緊張しているかもしれませんが、マインドフルネスのエネルギーで包み込めば、体はくつろぎ、再び平穏を取り戻せます。体が穏やかにはたらくようになると、癒しが始まります。すると心もくつろぎ、癒されるのです。

呼吸は体の一部です。私たちが何かを怖れたり、何かに怒ったりするとき、呼吸は浅くなり、呼吸の質もとても悪くなります。短くうるさい、荒い呼吸になります。でも、意識的に息を吸い、吐き、呼吸を静める方法を知っていれば、数分のうちに呼吸は改善され、より軽く、静かで、調和のとれた呼吸になります。すると心も落ち着いてきます。

瞑想と同じように、呼吸は芸術です。体と心に再び調和を取り戻すためには、吸う息、吐く息をとても上手に扱わなければなりません。もし暴力的に呼吸を支配しようとすれば、体や意識に調和と平穏を生み出すことはできません。呼吸がより静かに、より深くできるようになったら、そのままこの呼吸を続けて、体のほかの部位も包み込んでいきます。

横になって、意識的に呼吸をし、マインドフルネスのエネルギーを生み出してください。マインドフルネスの愛の光線で頭頂部から足の裏に至るまで、全身をスキャンします。30分かかるかもしれません。これは、あなたの体にあなたの気遣い、愛、注意を向ける最もよい方法です。

1日に一度はこれを行うとよいでしょう。例えば毎日寝る前などに、家族皆で床の上にゆったりと横になって20～30分、完全なくつろぎの実践を行えるように予定を調整してください。テレビを消して、皆が参加するように呼びかけてください。最初のうちは、家族全員で実践できるように録音した音声を使うのもよいでしょう。慣れてきたら、誰か一人がリードをとり、それぞれが体を休ませ、いたわるのを手伝ってください。

嵐を乗り越える

強い感情に対処するためのシンプルな方法がいくつかあります。一つは「腹式呼吸」、お腹から呼吸をする方法です。怖れや怒りにとらわれたら、意識を腹部にもっていきます。

思考のレベルに留まっているのは危険です。強い感情は嵐のようなもので、嵐の中に立つのはとても危険なことです。それでも、多くの人々がこのようにして思考に留まり、感情に圧倒されるがままになってしまいます。

そうではなく、意識を下に下げることで根を張るのです。お腹に集中して呼吸をし、お腹の上下の動きにすべての意識を集中します。私たちはこの呼吸を座って行ったり、横になって行ったりします。

嵐の中の木を見ると、木のてっぺんはとても揺れが大きく、脆弱なのが分かります。嵐に吹かれて小枝がいつ折れてもおかしくありません。でもその下の、木の幹を見ると、とても強固で安定していて、嵐にも耐えられることが見てとれます。

私たちも木と同じです。私たちの頭は、強い感情で大荒れしている間は木のてっぺんと同じですので、意識をおへその位置に下げなければいけません。そしてマインドフルな呼吸を始めます。自分の呼吸と腹部の上下の動きのみに集中します。これは、どんなに強い感情でもしばらく経てば消え、永遠には続かないことに気づかせてくれる、大変重要な実践です。困難なとき、この実践をするように自分を訓練すれば、嵐を乗り越えることができます。

感情はただの感情に過ぎないことを知らなければいけません。感情は現れ、しばらくそこにあった後、消え去ります。なぜ人が感情によって死ななければならないのでしょうか？　あなたは、感情以上の存在です。これを覚えておいてください。危機が訪れて、息を吸ったり吐いたりするとき、実践を続ければ感情は消え去るという意識をもち続けてください。何度か成功すれば、自分自身や実践に自信がもてるようになります。思考や感情にとらわれないでください。意識をお腹に下ろして、呼吸をしましょう。この嵐は消え去ります、怖がらないでください。

心の形成物に気づき、受け入れる

私たちは体を落ち着けるためにマインドフルネスで体を包み込みますが、心の形成物についても同じことができます。「息を吸って、私は自分の心の形成物に気づく。息を吐いて、私は自分の心の形成物に気づく」。仏教心理学では、心の形成物は51種あります。怒り、渇望、嫉妬のようなネガティブな心の形成物と、マインドフルネスや平静などポジティブな心の形成物があります。

喜びや思いやりなどポジティブな心の形成物があるとき、私たちは呼吸をして、自分の中にある喜びや思いやりに気づくべきです。喜びや思いやりをこのように意識的な呼吸で包み込むとき、それは10倍にも20倍にもなります。意識的な呼吸は、喜びや思いやりを長もちさせ、より深く体験する助けとなります。喜び、幸せ、思いやりなどのポジティブな心の形成物は、私たちを成長させてくれる食べ物のようなものですから、これらを受け入れるのはとても大切なことです。私たちが「瞑想の喜びは毎日の食事のようなもの」というのは、瞑想やマインドフルネスから生まれる喜びは、私たちを育て、養ってくれるからです。

同様に、心の形成物が怒りや嫉妬などネガティブなものであった場合は、自分自身に戻り、熱のある子どもの世話をする母親のようにやさしくそれを包み込み、意識的な呼吸で静めるべきです。「息を吸って、私は私の心の形成物を静める。息を吐いて、私は私の心の形成物を静める」

怒りの種、思いやりの種

私たちはよく、思いやりを土にたとえて話します。すべての心の形成物の種は、潜在意識に埋まっています。心の形成物は生まれては顕在意識に上がってきて、しばらくそこに存在し、その後、また種の形になって潜在意識に戻ります。

私たちの思いやりも、種の形で潜在意識に置かれています。私たちがその種に触れ、水をやる度に、それは上位の意識、つまり顕在意識に姿を現します。喜びや思いやりなどポジティブな種に水が与えられ、それらが姿を現すと、私たちは幸せな気持ちになります。でも、嫉妬などネガティブな種に水が与えられて、それが姿を現すと、私たちは不幸せな気持ちになります。

喜びでも怒りでも、それらが土に埋められて誰も触らない限り、私たちはそれを種と呼びます。でもそれらが顕在意識に現れたとき、それを心の形成物と呼びます。私たちは、怒りの双方の形を認識していなければいけません。一つは潜在意識にある種として、もう一つは心の形成物、顕在意識に上がってくる活発なエネルギーの領域として。私たちは、たとえ姿を現していなくても怒りはそこにあるということを自覚しなくてはいけません。

すべての人が、意識の奥底に怒りの種をもっています。その種が現れていないときは、まったく怒りを感じません。でもだからといってあなたの中に怒りがないということではありません。怒りはあなたの顕在意識に現れていないだけで、潜在意識には常に存在しているのです。もしも誰かが、あなたの怒りの種に触れるような言動をしたら、それはたちまち居間に上がってきます。

よき実践者とは、怒りや苦しみをもはやもたなくなった人ではありません。これは不可能です。よき実践者とは、怒りや苦しみが生じたらすぐに、それをどう扱えばよいかを分かっている人です。実践していない人は、怒りのエネルギーが現れたときにどう扱えばよいかを知らないので、怒りにすぐに圧倒されてしまいます。

でももしマインドフルな生活をしていれば、そのように怒りに圧倒されることはありません。マインドフルネスの種を呼び出し、怒りに対処するのです。意識的な呼吸と歩行は、その助けになります。

習慣のエネルギーとマインドフルな呼吸

私たちは皆、自分の中に習慣のエネルギーをもっています。この習慣のエネルギーに任せて何かを言ったりしたりすれば、人間関係を損ねることは分かっているのに、私たちは怒りに基づいて何かを言ったり、してしまいます。こうして人々は人間関係においてたくさんの苦しみを生み出します。関係に傷をつけてから、あなたは後悔の気持ちでいっぱいになり、もうこのようなことは二度としないと誓います。でも次にその状況が訪れたとき、あなたはまったく同じことをします。

あなたの知性や知識ではこの習慣のエネルギーを変えることはできません。気づき、受け入れ、変容させる実践のみがその助けになります。ブッダが、習慣のエネルギーが現れたらすぐに気づいて対処できるよう、マインドフルな呼吸の実践を奨励したのはこのためです。習慣のエネルギーをマインドフルネスのエネルギーで包み込むことができれば、あなたは安全で、もう二度と同じ過ちは繰り返さないでしょう。

プラムヴィレッジに、あるアメリカ人の若者がいました。彼は3週間の実践を大変楽しんでいました。彼は滞在期間中、とても安定していて思いやりがあり、理解がありました。ある日、彼は僧侶たちに、感謝祭のお祝いの準備のために買い物に行くように頼まれました。買い物をしているとき、彼はふと、すべての用事を早く終えて少しでも早くプラムヴィレッジに帰ろうと、とても急いでいる自分に気がつきました。

3週間の中で、彼がこのように、用事を早く終えようと急ぐ気持ちを感じたのはこれが初めてでした。彼はプラムヴィレッジにおいて、堅実に実践するブラザーたちに囲まれていました。ブラザーたちのエネルギーのおかげで、焦ったりストレスを感じたりする彼の習慣のエネルギーが姿を現す機会がなかったのです。町で買い物していたとき、彼は一人でした。同じようなエネルギーを出して彼を支える存在がいなかったため、習慣のエネルギーの種が即座に姿を現したのです。

彼はすぐにこの習慣のエネルギーを察知し、それは母親から受け継いだものだということに気がつきました。彼の母親はいつも焦っていて、すべてのことを早く、早く、早くと急《せ》かす人でした。この洞察を得て、彼はマインドフルな呼吸の実践に戻り、こう言いました。「こんにちは、お母さん。僕はあなたがそこにいることを知っています」。彼がこれを行った後、焦るエネルギーはすぐに消えました。彼は自分の習慣のエネルギーを自覚し、気づきとともに受け入れ、変容させることができたのです。これはプラムヴィレッジでの実践のおかげでした。

私たちは皆、このようにできるのです。習慣のエネルギーが生じたときにするべきことは、その存在に気づき、本当の名前で呼ぶことだけです。意識的に呼吸をして「こんにちは、私の嫉妬。私の怖れ。私の苛立ちと怒り。私はあなたがそこにいることを知っています。そして私はあなたのためにここにいます。私はちゃんとあなたの世話をし、気づきとともに受け入れます」と言います。息を吸って、習慣のエネルギーに挨拶し、息を吐いて、微笑みかけます。私たちがこうするとき、習慣のエネルギーはもう私たちを支配することはできません。私たちは安全です。私たちは、自分自身を解放したのです。

11 浄土の回復

幸せを優先させる

私たちは人生においてさまざまな決断をしなければいけませんが、時には大変難しい決断もあります。痛みをともなう選択を迫られるときもあります。でももし私たちが、自分にとって最も重要なことは何か、人生で最も深く求めていることは何かを知っていれば、より決断はしやすくなり、それほど苦しむこともありません。

たとえばある人が修道士になりたいとしたら、これは簡単な決断ではありません。もし修道士になりたいという気持ちが100パーセント未満ならば、修道士になるのはやめるべきです。100パーセント以上の気持ちがなければいけません。修道生活を、ほかの何よりも自分が求めていると思うのならば、ほかのことはそれほど重要でなくなり、決断はずっと簡単になります。

私はベトナムにおける仏教の歴史について、3冊の本を書きました。3冊とも読者から大変好評をいただいています。あともう1冊、4冊目を書く予定です。1964年から現在に至るまでのベトナムにおける仏教の歴史についての、とても重要な本です。この本を書くことは、とても刺激的で興味深い仕事です。私はその時代を生きていますから、直接の体験があるのです。もしも私が書かなければ、その時代に生き、直接の体験をもって書ける人がほかに誰もいないかもしれません。それは歴史に対して、ある種の公正を欠くことになります。また、この本を書けば、人々が仏教の発展や実践について学ぶ上でも役立ちます。

私の中には、歴史学者の一面があります。新しい発見をし、世の中にとって新しいことを明らかにし、若い人たちに方向性を示す……私はこの役割を担うとき、大きな喜びを感じます。若い人たちは過去の世代の過ちと成功から多くを学ぶことができます。ですから、この4冊目の本を書きたいという思いはとても強いのです。でも、なかなか着手できていないのは、私のすぐそばで苦しんでいる人々を助けたり、ほかに緊急でやらなければならないことがたくさんあるからです。この本がとても重要なものだということは分かっていながらも、私は学者や歴史学者になることはできません。この本を書くために必要な資料はすべて揃っていますが、原稿を完成させるまでには1年必要です。そうすると、リトリートも法話も相談も何もできないということになります。

私たちは皆、日常生活の中でしなければいけないことがたくさんあります。自分にとって何が最も重要なことかを決めなければいけません。大学の学位を取るには6年から8年くらいかかり、これはかなり長い時間です。でもあなたは、大学の学位は幸せになるために重要だと思っているかもしれません。確かにそうかもしれません。でもあなたの健康と幸せにとってもっと重要な要素はほかにもあるでしょう。父親との関係、母親との関係、パートナーとの関係を改善させることもできるはずです。あなたにはこのための時間はありますか？　この仕事をするために十分な時間をとることができますか？　愛する人との関係を改善するのはとても大切なことです。学位を取るために6年かけるつもりがあるのなら、人間関係をよくするためにも同じだけの時間をかけるという知恵があなたにはありますか？　あなたの怒りと向き合うために、時間をかけられますか？　この時間は、二人がコミュニケーションを回復するために必要なだけの幸福感と安定感を、あなたと相手にもたらすでしょう。

自分の本を書く

最近、アメリカの大学教授がプラムヴィレッジを訪れました。彼はトマス・マートンと私についての本を書きたいと大変熱心に語りました。私は即座に答えました。「あなた自身についての本を書かれたらどうですか？　あなたと周りの人々を幸せにするために100パーセント、ご自身を投入してはいかがですか？　それはトマス・

マートンと私についての本を書くことよりもずっと重要なことです。トマス・マートンについての本はもう何冊も書かれています」。この友人は、誠意と愛を込めて私に言いました。「でもあなたについての本はまだ誰も書いていません」。私は言いました。「私は私についての本には関心がありません。でもあなたがあなた自身の本を書くことにはとても関心があります。あなたが真理と実践の道具として生まれ変わるために、自由で幸せな人になるために、全身全霊を込めて書くのです。そうすれば、あなたの周りの人々をも幸せにすることができます」

私にとって最も重要なことは、生徒たちと私の間に良い関係を築くことです。彼らが実践し、変容できるようにしてあげなければなりません。これはとてもやり甲斐があり、成長につながることです。実践者が自分の苦しみを変容させ、他者と良い関係を築くことに成功するとき、それは大きな勝利です。彼（彼女）だけにとっての勝利ではなく、コミュニティ全体、実践そのものにとっての勝利です。これは私たち皆を成長させてくれます。母親と娘が和解するのを手伝った若い尼僧の話をしましたが、これは本物の勝利です。それは彼女のだけでなく私たちの信念をもより強固なものにしました。

もし誰かとの関係がうまくいっておらず、彼女は私を苦しめたいだけだ、彼女を助けることなど不可能だ、と感じているようなら、それはあなたが教えを実践できていないということです。彼女と会話することが不可能に思えるのは、あなたの実践の経験が足りていないためです。相手と会話することは可能なのです。「でも相手が協力的でなかったら、聞いてくれなかったらどうすればいいのでしょう?」と多くの人が質問します。もし相手が聞く耳を持たず、あなたと話したがらず、今すぐ解決策を見つけたくないようであれば、実践を続けて和解ができるようになるまであなた自身を変容させれば良いのです。

自分についての本を書くことは、自分の苦しみの根を認め、それを変容させるために深く観る方法の一つです。それはあなたを自由で幸せな人にしてくれ、あなたの周りの人々をも幸せにしてくれます。

思いやりの蜜

和解をするために相手と話し合いにいく前に、思いやりの蜜であなたに滋養を与える必要があります。思いやりは理解から生まれます。相手もまた苦しんでいる、という理解です。私たちはこのことを忘れがちです。私たちは自分の苦しみばかりを見て、それを大げさに捉えて「こんなに苦しんでいるのは私しかいない。このように苦しい思いをしているのは私だけだ」と考えます。でもあなたを支える共同体があれば、深く観ることができるようになり、相手もとても苦しんでいることが分かるようになります。

もしかすると相手は十分なサポートを受けられていないために実践の道を歩むことができておらず、あなたもその助けになってあげられていないのかもしれません。あなたは自分のことも助けることができないのです。でも教えや共同体はまさにそのために、思いやりの蜜で私たちを育むためにあるのです。私たちはブッダの教えやサンガに助けを求めるべきです。ブッダの教えは、この瞬間、この場でその効力を発揮します。

観念の檻《おり》から出る

実践は機械的に行うのではなく、知性をもって、一歩踏み出すごと、呼吸を一つする度にあなたの気持ちがよくなるように行うべきです。マインドフルな食事をし、マインドフルにお茶を飲む度に、あなたはより幸せな気持ちになることができます。あなたの中やあなたの周りにあるいのちの奇跡に触れてください。あなたの周りにある美しい、癒しの要素をあなたに浸透させ、自分に栄養を与えてください。これが最も大切なことです。

概念は栄養になりません。むしろ、思考や概念はしばしば障害になります。牢獄にすらなり得ます。奇跡に満ちたいのちに触れるためには、思考や概念から自由でなければいけません。幸せで、愛情深くあることのできる実践の仲間から学んでください。そのような人々は存在します。彼らは誰のことも受け入れられるため、共同体の誰かとうまくいかない、というようなことがないのです。彼らは満たされています。彼らのように幸せでいられる能力を養わなくてはいけません。私たちは同じ環境のもとに暮らし、同じ幸せの条件を共有しているのです。ある人たちは幸せでいることができて、なぜ私たちにできないのでしょう？　幸せになることを阻んでいるものは何でしょう？

重要な手紙

愛をもって話し、深く聴く実践をしていれば、たとえ誰かと対立しても、その人と直接話をすることで解決できます。でも、相手と話をするのに朗らかに、愛情深く、落ち着いていられるほど、あなたの中の平和、堅実さ、思いやりが確実なものかどうか自信がなければ、手紙を書くのもよいでしょう。

手紙を書くことはとても大切な実践です。なぜなら、たとえあなたが素晴らしい意図をもっていたとしても、実践が確かなものでなければ話すときに苛立ってしまい、未熟な反応をしてしまうかもしれないからです。これではチャンスを台無しにしてしまいます。ですから、手紙を書くほうがより安全でやりやすい時もあるのです。

手紙の中では完全に正直になってよいのです。相手のしたことであなたが苦しみ、傷ついていることを伝えてください。あなたが感じていることをすべて書いてよいのです。ただ、手紙を書くときに、落ち着いていること、平和と慈愛の言葉を用いることが実践です。対話をするように書いてください。「親愛なる友へ、私は誤った認識の犠牲になっているかもしれません。ここに書くことは必ずしも真実を反映していないかもしれません。でも、私はこの状況をこのように感じています。私が本当に感じているのはこういうことです。もし私の書いたことに誤りがあるならば、誤解が解けるよう、二人で話し合い、深く観る機会をください」

私たちの伝統では、僧侶や尼僧が集まって、助言を求める人にアドバイスをするとき、いつもこのような言葉を使います。彼らは共同体の洞察を使います。共同体の視点が完璧だということではなく、それが、彼らが与え得る最善の洞察だからです。ブラザーやシスターたちは応答する際、このように言います。「これからアドバイスを伝える中で、私たちは、理解しきれていないことがあることを分かっています。私たちがまだ見ていない、あなたのポジティブな部分もあるでしょう。また、共同体の見方にも誤りがあるかもしれません」。ですから、あなたが手紙を書くときも同じようにしてください。「もし私の見方が誤っていれば、正してください」と。愛のこもった言葉を使ってください。もしうまく書けていないと思ったら、もう一度はじめからやり直し、もっと誠意ある文章に書き直せばよいのです。

手紙の中で、あなたが相手の苦しみも感じていることを伝えましょう。「親愛なる友よ、私はあなたも苦しんできたことを知っています。その苦しみは、あなただけのせいではないことも分かっています」。深く観る実践をしているので、あなたには相手の苦しみの根や原因がいくつかあることが分かります。これらのことも相手に伝えてよいのです。相手に、あなた自身の苦しみについても伝え、相手がそのような言動をしてしまった理由も理解できることを伝えるのです。

これはとても大切な手紙なので、1週間か2週間、または3週間かけて書いてもよいでしょう。これは、ベトナムにおける仏教の歴史についての4冊目の本より重要です。手紙は、あなたの幸せに関わるものです。この手紙を書くための時間は、博士論文を書くための1、2年よりも重要な時間です。論文は、この手紙ほど決定的なものではありません。このような手紙を書くことは、関係性に突破口を作り、コミュニケーションを回復させるのに最善の方法です。

この手紙を書くとき、あなたは一人ではありません。あなたに光をあて、手紙を書くのを助けてくれるブラザーやシスターたちがついています。あなたが必要な人は、共同体の中にすでにいるのです。私たちが本を書くとき、原稿を友達や専門家に渡してアドバイスを求めます。実践の仲間は、深く聴き、深く観て、愛をもって話す実践の専門家です。

あなたが、愛する人にとって最高の医者であり、最高のセラピストです。手紙の言葉が十分にやさしく、穏やかで、深い洞察に基づいたものかどうか、シスターに見せて意見を聞いてください。一人のブラザーかシスターに見てもらった後、その手紙が相手に変容をもたらし、癒しをもたらすことができるものだとあなたが感じるまで、何人にでも見てもらってください。

このような手紙に、あなたはどれだけの時間とエネルギー、愛を費やすのでしょうか？　これほど大切な努力に対して、誰が協力を惜しむでしょうか？　あなたにとって大切な人とのコミュニケーションを取り戻すことは、本当に重要なことです。それはあなたの父親かもしれませんし、母親、娘、パートナーかもしれません。彼、彼女はあなたのすぐ隣に座っている人かもしれません。

浄土を回復させる

二人の関係が始まった頃、彼はあなたを愛し大切にすることを約束したにもかかわらず、今、彼の心はとても遠くに離れています。彼はもうあなたのことを見たくもありません。もう手をつないで歩くことも嫌がり、あなたは苦しみます。関係が始まった頃は、楽園にいるかのようでした。彼はあなたに恋し、あなたは本当に幸せでした。それが今、彼はもうあなたを愛しておらず、あなたを見捨てたかのようです。彼はほかの誰か、新しい関係を求めているかもしれません。あなたの楽園は地獄に変わり、あなたはその地獄から抜け出すことができません。

その地獄はどこからくるのでしょう？　誰かがあなたをその地獄に陥れ、そこに閉じ込めているのですか？　もしかすると、地獄はあなたの心が作ったものかもしれません。あなたの概念、誤った認識が作ったものかもしれません。となれば、その地獄を打ち砕き、あなたを自由にできるのはあなたの心以外にはありません。

マインドフルネスの実践、怒りに気づいて受け入れる実践は、あなたの地獄の扉を開き、地獄を変容させ、あなたと相手を救い出し、ともに平和の地へと戻ってくることです。これは可能です。実行するのはあなたです。実践をともに行う仲間たちももちろん、彼らの洞察や気づきと慈愛のエネルギーをもって協力してくれます。関係を回復させることに成功し、相手もあなたも再び幸せになれたとしたら、あなたは偉大な貢献をしたことになります。それは、皆が実践への信頼をさらに深めることになり、皆で勝利を分かち合うことができます。皆の協力があれば、地獄を浄土に変え、日常生活に平穏を取り戻すことができます。今日から手紙を書き始めてください。鉛筆と紙1枚だけでも、実践を行い、人間関係を変容させることが可能だということが分かるでしょう。

1日かけて手紙を書く

座っているとき、歩く瞑想をしているとき、仕事をしているとき、掃除をしたり食事を作っているとき、手紙のことは考えてはいけません。でも、あなたが行うすべてのことは手紙に関係してきます。

あなたが気持ちを紙に綴るのは、机に向かって手紙を書いている時間だけです。でも、手紙の内容を作るのは、正確にはこの瞬間ではありません。野菜に水をやっているとき、歩く瞑想をしているとき、食事を作っているときに、あなたは手紙の内容を作っているのです。これらすべての実践が、あなたをより堅実に、より穏やかにする助けとなります。あなたが生み出すマインドフルネスと集中力は、あなたの中の理解と思いやりの種を育ててくれます。あなたが1日かけて生み出したマインドフルネスから手紙が書かれるとき、それは素晴らしい手紙になります。

毎瞬を美しく生きる

15年ほど前、私がアメリカにいたときにアメリカ人の仏教学者が私を訪ねてきました。彼女はこう言いました。「禅師、あなたはとても美しい詩をお書きになります。あなたはレタスを育てたりするのにとても多くの時間を費やされているようですが、もっと詩を書くことに時間を使われてはいかがですか?」。彼女はどこかで、私が野菜を育てることや、きゅうりやレタスの世話をするのが好きだというのを読んだのでしょう。彼女は合理的な考え方から、菜園で作業などをして時間を無駄にしていないで、詩を書くことに時間を使うべきだと勧めたのです。

私はこう答えました。「親愛なる友、もし私がレタスを育てていなければ、私は、私の書く詩を書くことはできません」。これは本当です。もし集中やマインドフルネスとともに生きていなければ、もし日常生活の一瞬一瞬を深く生きていなければ、書くことはできません。人々の役に立つようなことは何も生み出すことができません。

詩は、人々に捧げる花です。慈悲に満ちた表情、微笑み、慈愛に満ちた行為もまた、マインドフルネスと集中の木に咲く花です。家族に昼食を作っているとき、たとえ詩について考えていなくても、詩は書かれているのです。私が短いお話や小説、または脚本を書くとき、完成させるのに1週間から数週間かかるかもしれません。でもそのお話や小説は常にそこにあるのです。同じように、愛する人に宛てて書く手紙のことを考えていなくても、あなたの意識の奥深いところで手紙は書かれているのです。

ただ座っていればお話や小説が書けるわけではありません。ほかのこともしなくてはなりません。お茶を飲み、朝食を作り、洗濯をし、野菜に水をやる――これらのことをしている時間はとても重要です。そして、それらをていねいにしなければいけません。料理をする、菜園に水をやる、食器を洗う、こうしたすべての行為に自分を完全に注ぎ込まなくてはいけません。していることを楽しみ、深く行うことです。このことは、小説、手紙、その他あなたが創造するすべてのものにとって大変重要なことです。

悟りは、食器を洗うことやレタスを育てることと関係のないことではありません。日常生活の一瞬一瞬を、いかに深い気づきと集中をもって生きるかを学ぶことこそが、実践なのです。芸術をひもとき、理解できるようになるのは、日常生活のまさにこのような瞬間です。音楽や詩を書き始めるときは、赤ん坊を産むときと同じです。赤ん坊を産むためには、赤ん坊はすでにあなたの中にいなければいけません。もし赤ん坊があなたの中にいなければ、何時間机に向かっていても産むものがないのですから、何も生み出すことはできません。洞察、思いやり、相手の心を動かす能力は、実践の木に咲く花です。洞察と思いやりの花を咲かせられるよう、私たちは日常生活のすべての瞬間を有効に使うべきです。

変容という贈り物

妊娠している母親は、お腹の中にいる赤ちゃんのことを思う度にとても幸せになります。赤ちゃんは、まだ産まれていなくても母親にたくさんの喜びをもたらします。母親は、毎日すべての瞬間に赤ん坊の存在を感じているので、すべてを愛をもって行います。彼女の愛がなければ赤ん坊は不健康になるので、彼女は愛をもって食べ、愛をもって飲みます。彼女はいつでもとても慎重です。もし何か過ちを犯したり、タバコをたくさん吸ったり、お酒をたくさん飲んだりすれば、それは赤ん坊にとってよくないことだと彼女は知っています。ですから彼女はとても意識的に、愛の心をもって生活しています。

実践者も、まさに母親のようにふるまわなくてはいけません。私たちも何かを生み出し、人や世界に対して何か貢献したいと思っています。私たちはそれぞれ自分の中に赤ん坊を連れています。それは赤ん坊のブッダであり、その赤ん坊のブッダこそが私たちが世界に捧げることができるものです。赤ん坊のブッダのめんどうをよく見られるように、私たちはマインドフルネスとともに生きなければいけません。

本当の愛の手紙を書き、和解を可能にするのは、私たちの中のブッダのエネルギーです。本当の愛の手紙は、洞察、理解、思いやりによって書かれます。そうでなければ、それは愛の手紙ではありません。本当の愛の手紙は、相手の中に変容を生み出すことができるもの、すなわち世界にも変容を生み出すことができるものです。ただ、その手紙が相手の中に変容を起こす前に、まずあなたの中で変容を起こす必要があります。その手紙は、あなたが生涯をかけて書く手紙かもしれません。

文庫版によせて

シスター・チャイ（釈尼真齋嚴）

当書の原文「ANGER」は2002年、9・11の翌年、アメリカを始め、世界中の人々の感情が激動していた最中に初出版されました。そして、偶然ですが、日本語版の「怒り」は、3・11直後、2011年の5月に出版されました。過去10年を振り返ってみると、世界は大きく変わり、私たちの集合意識にも大きな変化があり、その流れの一部として、私たちの怒りという感情への理解や対処法も大きく変化したのではないかと感じています。

当書が日本で初出版されたころは、まだ「マインドフルネス」という言葉さえ一般的には知られていませんでしたが、ここ10年ほどで日本社会にも「正念」を英語化した「マインドフルネス」というカタカナ語が定着し、一昔前まで「宗教ぽくってあやしい」とみられていた瞑想や呼吸法が心身の健康のためになり、ストレスを減らし、人間関係・コミュニケーションをよくするツールとして認められ、より幸せで健全な社会作りの大切な要素として企業や学校で取り入れられるようになりました。ジェネレーションX〔注1〕の私が育った環境では、怒りなどの心地の悪い感情について語り合うことはタブーとされ、上司や親など、「上の立場」の人が部下や子どもたちへ謝ることなど滅多に見られませんでしたが、現在では、感情について素直に家族や同僚たちと話せる人はEQが高いと評価され、たとえ上司や親であろうと、部下や子どもたちへ怒鳴ってしまったあと、相手に素直に謝れることが美徳とされる時代になりました。

近年では、人間の意識をより深く理解するため、科学と仏教のコラボ研究が盛んになり、トラウマが人間の感情発達に大きな影響を及ぼしていることも一般的に理解されるようになりました。脳科学では、戦争のような大きな悲劇を直に体験した人だけではなく、幼少期に何かしらの形で心に傷を負い、それが大人になってからも不合理に対人関係に反映されてしまう状態をトラウマと呼んでいます。また傷つかないようにと、自己を守るために、脅迫を認知した瞬間（それが現実でも架空であっても）自律神経の「闘争《ファイト》か逃走《フライト》か凍結《フリーズ》」モードが自動的にオンになります。「誰も意識的に怒りたくて怒っているわけではなく、自分の身が危ないという認識の中に置かれると闘争スイッチがオンになってその人の神経系がその人の思考言動を操ってしまっているのだ」と基本メカニズムを理解できると、難しい状況に遭遇しても、思いやり深く、落ち着いて対応することができるようになります。

脳科学のおかげで、２６００年前にブッダが説いたことが、よりわかりやすく説明されるようになりました。エピジェネティックス〔注２〕によると、私たち人間は、意識的に新しい神経経路を築くことができるのです。マインドフルに呼吸し、安らかに歩み、体をリラックスし、微笑むことを日々心がけるだけでも、より平和に、より幸せに生きるための道が開かれていくのです。この「幸せの神経回路」は仏教根本の八正道、または当書の付録に載っている、五つのマインドフルネス・トレーニング（五戒）でもあります。

ここ数年、プラムヴィレッジでは年に一度、科学と仏教のコラボリトリートを開催し、現代の社会においてより応用しやすい仏教を提供できるように教えと実践方法をアップデートしています。時代に合わせて仏教をアップデートすることは、タイ（ティク・ナット・ハン師）のライフワークであり、弟子である私たちもタイの継続として、アップデートしていくことを忘れずに勤めるよう、心がけています。

当書を読むだけでなく、付録の誘導瞑想や深いくつろぎの瞑想も是非実践してみてください。また、ユーチューブのプラムヴィレッジ日本語チャンネルに瞑想の音声がアップされていますので、是非ご活用ください。瞑想の中で、5歳だった時の自分、5歳だった時の父や母と出逢いなおします。また、複雑な青春期の自分に戻って、当時辛かったことや悲しかったことに耳を傾けます。マインドフルネスの実践によって、自分自身の中の怒りなどの感情への理解と受容が深まれば深まるほど、このような学びを得る機会がなかった両親や祖父母はどれほど大変だったのだろう、と先人たちへの理解と慈悲《コンパッション》も深まり、和解すべき人と自然と和解できるようになります。自分のなかの種をケアすることで、同時に彼らの種をもケアすることができるのです。

今はちょうどお盆の時期ですね。ご先祖様はみな、「○○家の血を未来へ美しく続けていってほしい」という願いを持たれていると思います。ご先祖様にご挨拶するときに、「私は、私の過去の被害者ではありません。自分や他人の激しい感情の被害者でもありません。私には常に選択権が与えられていて、自らの呼吸へ戻ることによって気づきを深め、私のため、そして子孫たちのために幸せの道を切り開いていくことを誓います」と自信をもって宣言することができれば、それはどんなに美しいお花や美味しいお供え物とも比べ物にならない、最高の先祖供養となることでしょう。

最後に、この場を借りて、長年日本で多くの人々へこの本を届けてくださった、サンガ出版社の皆さま、若くしてお亡くなりになられた島影透社長、生きるダルマ(Living Dharma)として実践へとりくみ、自己の変容を元に家庭内や社会のあらゆる面で平和活動に取り組んでくださっているプラムヴィレッジ・コミュニティの皆さまに深く感謝を申し上げます。

この度、文庫版の再出版に向けて、丁寧に翻訳をチェックしてくださった翻訳家の岡田直子さんと河出書房新社の皆さまのご協力で、より多くの方々の手元に当書が届くことを嬉しく思っています。

2021年8月15日
ひまわり畑に囲まれるフランス・プラムヴィレッジにて

注1　米国などで1960年代半ばから1980年頃までに生まれた世代のこと
注2　DNA塩基配列の変化を伴わない遺伝子の調節機構、あるいはその研究をする学問

訳者あとがき

岡田直子

本書は2001年にアメリカで出版されたティク・ナット・ハンの著書『*ANGER: Wisdom for Cooling the Flames*』の邦訳『怒り　心の炎の静め方』（2011年5月1日刊行／サンガ出版）の文庫版です。文庫化にあたり、単行本では伝わりにくかった表現の修正や、文字数の都合などで省略していた箇所を追訳してあります。

2021年8月現在、95歳になられたティク・ナット・ハン師（タイ＝師の愛称で先生の意）は病に伏されたのち、シスター、ブラザーたちの献身的な看護のもと少しずつ快復され現在も僧院での暮らしを続けていらっしゃいます。今私たちは直接タイのお声を聴くことはできませんが、コロナウィルスによるパンデミック、地球規模の異常気象や災害、国家間や国家内における分裂や対立、乱世とも思える昨今の状況を、戦火のベトナムをくぐり抜けて来られたタイであれば「苦しみこそがマインドフルネスの鐘」と私たちに説いてくださっているかもしれません。

そのような中、14年前に出家され、現在はダルマ・ティーチャー（法を説く師）としてご活躍されるタイの直弟子、シスター・チャイより本書文庫版に寄せてメッセージを頂けたことは大変貴重で有難いことでした。幼少期から小学生時代までを日本で過ごされたシスター・チャイは、プラムヴィレッジの僧侶団が来日されるたびに流暢かつ的確な通訳を務められたり、タイの日本語の出版物の監修をされたりと日本との窓口的存在でおられ、また、バイオリニストとしてオーケストラに属された経歴から、タイやブラザー、シスターたちの要請に応えて優美なバイオリンの音色で実践に豊かな彩りを添えてくださる多才かつ聡明なシスターです。本書刊行にあたりご多忙のなか、ご寄稿のみならず校正においてもお力添えいただけましたことにこの場をお借りし心より御礼申し上げます。

私が本書に出逢ったのは、２００２年、米国カリフォルニア州サンディエゴにある、ティク・ナット・ハン師主宰のディア・パーク僧院に滞在したのがきっかけでした。将来について焦り、空回りしている自分を感じ、正しい心の状態を学びたいと本僧院に滞在させていただきましたが、法話や夢などにより気づかされた自分の課題は「怒り」の感情でした。たまたま僧院の売店で本書の原書を見つけて読み始めたものの、

「変容させる」という感覚がよく分からず、何となく腑に落ちないままでいました。

ある朝、僧院の落ち葉を掃きながら、〈怒りは有機的なものであるから、ポジティブなものに変容させればよい〉という本書のくだりを思い出しました。そして落ち葉を林の木の根元に撒いたとき、急に「変容」の意味に合点がいきました。落ち葉はゴミではない、落ち葉を木の根元に置けば、それが養分となって新しくまた木の命に生まれ変わる、怒りもそれと同じだ……ということが、感覚的に納得できたのです。

それまで、怒りは自分の中から排除しなければいけない感情と思って苦しんでいましたが、怒りはあってもよい、ポジティブなものに変えられるものなのだと理解ができたらとても気持ちが楽になりました。

私たちの社会では多くの人が怒りの扱い方を知らず、関係ないところに吐け口を求めたり、我慢の挙げ句に爆発させて暴力に至ったりというケースも少なくありません。家庭でも学校でも、喜怒哀楽の「怒」の扱い方についてだけは、特に誰にも教えてもらうことがなく、むしろ抑圧すべき感情として押し殺すくせを身につけているように思います。

怒りの扱い方を知らないがために起きる衝突や争いは個人間にとどまらず、人種間、宗教間、国家間に至るまでその規模と影響ははかり知れず、一人でも多くの人々が正しく怒りを観て、対処する方法を身につければ、さまざまな事件や紛争を未然に防ぎ、より生産的な方向に向かわせることができるのではないか、そのことを知るだけで楽になる人はたくさんいるのではないか……そのような思いで日本語版翻訳に携わらせて頂きました。

本書の中でタイもおっしゃっているように、すべての存在はお互いと関わり合って存在しています。個人が怒りを深く見つめ、心のしこりをほぐし変容させることができれば、それは家族、友人、職場、地域、国、地球環境に多かれ少なかれ影響を及ぼすことでしょう。本書が日本において、少しでもそのように貢献することができれば訳者としてこれ以上の喜びはありません。

今回、本書の文庫化にあたり、ご担当くださった河出書房新社の揖木敏男様、仏教用語及び訳文全般において多大なるご協力をいただきました馬籠久美子氏、星飛雄馬氏、数々のアドバイスを頂きました島田啓介氏、増田圭一郎氏に心より御礼申し上げます。また本書の元本である単行本『怒り　心の炎の静め方』の出版、販売にあたり長きにわたりお世話になりました出版社サンガの皆さま、特に故・島影透社長、佐藤由樹様にも深く御礼申し上げます。

本書を読んで頂き、タイの教えをさらに深く学びたいと思われた方は、すぐれた翻訳書が多数出版されていますので、ぜひそちらもご参考ください。

最後になりましたが、本書を手にとってくださった読者の皆さまに心より御礼申し上げます。ありがとうございました。

合掌

付録

付録A

プラムヴィレッジでは、共同体全員が同席する儀式において、夫婦、家族、友人同士でこの協定に署名をします。状況に合わせ、使いやすいように改訂してお使いください。最後に仏教徒に言及している部分がありますが、ご自身の信仰に合わせて文言を置き換えてください。

和平協定

私たちが末永く幸せにともに暮らせるように、私たちがこれからも引き続きお互いへの愛と理解を育て、深めていけるように、ここに署名した私たちは、以下のことを遵守し、実践することを誓います。

怒っている者＝私は、以下に同意します。

1　これ以上ダメージを与えたり、怒りを増長させるような言動を一切しません

2　自分の怒りを抑えつけません

3　意識的な呼吸を実践し、自分自身に戻り、怒りに対処します

4　自分を怒らせた相手に対し、24時間以内に、口頭もしくは和解メモによって、自分の怒りと苦しみについて穏やかに伝えます

5　口頭もしくはメモによって、その週の後日（たとえば金曜日）、十分な話し合いをするための時間をとってほしいことを伝えます

6　「私は怒っていない、私は平気だ。私は苦しんでいない。何も怒ることなどない」と自分を偽りません

7　自分の日常生活を深く観て、座っているとき、歩いているとき、横になっているとき、運転をしているとき、以下のことを省みます

・私自身も未熟なときがあったこと
・自分の習慣のエネルギーのために相手を傷つけたこと
・自分の中の強い怒りの種が、自分の怒りの主な原因であること
・相手は怒りの二次的要因に過ぎないこと

・相手も自分の苦しみをただ和らげたいのだということ
・相手が苦しんでいる限り、私は心から幸せにはなれないこと

8 自分の未熟さやマインドフルネスの欠如に気がついたら、金曜日まで待たずにすぐに謝ります

9 自分の気持ちが、話し合いができるほど穏やかでないと感じたら、金曜日の話し合いを延期します

相手を怒らせてしまった者＝私は、以下のことに同意します。

1 相手の気持ちを尊重し、相手の気持ちが落ち着くまで十分に待ちます

2 急な話し合いを強要しません

3 口頭あるいはメモによって、相手からの話し合いの要請を確認し、必ずその場に行くことを約束します

4 もしも謝ることができる場合は、金曜日まで待たずに謝ります

5 意識的な呼吸と深く観る実践を行い、以下のことを省みます
・私の中には相手を不幸せにする怒りや不親切の種、習慣のエネルギーがあること

・相手を苦しめれば私の苦しみが和らぐと誤解していたこと
・相手を苦しめれば、自分自身が苦しむこと

6　自分の未熟さやマインドフルネスの欠如に気づいたら、自分自身を正当化せず、金曜日まで待たずにすぐに謝ります

私たちは、ブッダとサンガの立ち会いのもと、これらの条項を遵守し、誠心誠意これを実践することを誓います。

私たちを守り、明晰さと自信を与えてくださるよう、私たちは三宝に帰依します。

年　月　日

署名

付録B

五つのマインドフルネス・トレーニング

1．いのちを敬う

いのちを破壊することから生まれる苦しみに気づき、相互存在を洞察する眼と慈悲とを養い、人間、動物、植物、鉱物のいのちを守る方法を学ぶことを誓います。私は、けっして殺さず、殺させず、自分の心と生き方においていかなる殺害行為も支持しません。有害な行為は、差別や二元的思考から生まれ、怒り、怖れ、貪り、不寛容から生じることを見抜きます。

私は寛容さと差別のない心を育て、自分の見方に執着せず、自分の心と世界にある暴力、狂信、教条主義を変えていきます。

2. 真の幸福

搾取、社会的不正義、略奪、抑圧による苦しみに気づき、自分の心、発言、行動をもって寛容さを実行することを誓います。私はけっして盗まず、他に属するものを所有せず、私の時間、エネルギー、持ちものを、必要とする人とわかち合います。深く見つめる実践によって、他の幸福と苦しみは私の幸福と苦しみと一つであること、慈悲と理解なしに真の幸福はあり得ないこと、富や名声や権力や享楽の追求は大きな苦しみと絶望をもたらしかねないことを理解します。幸福は外的な条件ではなく、心のもち方によって決まります。幸福になるための条件がじゅうぶんにそろっていることが分かれば、今ここで幸せに生きることができます。私は正しい暮らし方（正命）をして、地球に生きるものたちの苦しみを減らし、温暖化を軽減するよう働くことを誓います。

3. 真実の愛

性的な過ちによる苦しみに気づき、責任感を育て、個人、カップル、家族、社会の安全と誠実さを守る方法を学ぶことを誓います。

性欲は愛ではなく、貪りによる性行為は、常に自分と相手を傷つけることを知ります。真の愛と家族や友人から認められた深く長期的なかかわりなしには、けっして性的な関係を結びません。

力を尽くして子どもたちを性的虐待から守り、性的な過ちからカップルや家族が崩壊しないように防ぎます。

私と他のすべての存在がさらに幸福になるために、体と心は一つであることを理解し、自分の性的エネルギーを適切に扱うことを学び、真の愛の四つの基本要素（四無量心）を育てます。

真の愛を実践すれば、それが素晴らしいかたちで未来につながっていくと信じます。

4. 愛を込めて話し、深く聴く

気づきのない話し方と、人の話を聴けないことが生む苦しみに気づき、愛を込めて話し、慈悲をもって聴く力を育てます。自分をはじめとして、人々や民族や宗教集団や国家間に存在する苦しみを見抜き、和解と平和を促すことを誓います。言葉が幸せも苦しみもつくりだすことを自覚し、信頼、喜び、希望を与える言葉を使って、誠実に話すことを誓います。心に怒りが生じているときはけっして話しません。マインドフルな呼吸と歩く瞑想によって、その怒りを認めて深く見つめる実践をします。怒りは、私自身の間違った認識と、自分と相手の苦しみへの理解不足から生まれる可能性を認めます。自分と相手が苦しみを乗り越え、困難な状況から出口を見いだせるような話し方、聴き方をします。確信のないことを言いふらさず、分裂や不和を引き起こすような言葉を発しません。

誠実な勤勉さ（正精進）で私の理解、慈しみ、喜びと受容（平等心）を養い、意識の奥深くにひそむ怒り、暴力、怖れを少しずつ変えていきます。

5．心と体の健康と癒し

気づきのない消費によって生じる苦しみに気づき、マインドフルに食べ、飲み、消費することをとおして、自分と家族と社会に心身両面の健やかさを育てていくことを誓います。

食べもの、感じ方、思い、意識という四種の栄養の消費の仕方を深く見つめる実践をします。

私は賭けごとをせず、アルコール飲料、麻薬の他、特定のウエブサイトから、ゲーム類、テレビ番組、映画、雑誌、書籍、会話に至るまで、毒性のあるものはけっして摂取しません。

今ここに戻る実践を行って、自分の内とまわりの癒しと、滋養のあるすがすがしい要素に触れます。後悔や悲しみによって過去に引き戻されたり、不安や恐れや貪りによって今ここから引き離されないように気をつけます。

消費に没頭することで孤独や不安やその他の苦しみをごまかそうとしたりしません。相互依存の心理をよく見つめ、私の体と意識に、私の家族や社会や地球という集合的な身体と意識に、安らぎと喜びと健やかさを保つような消費の仕方を実践します。

※最新版和訳出典：プラムヴィレッジサンガ「ティク・ナット・ハン マインドフルの教え」ＨＰより

付録C

怒りを深く観て解放するための誘導瞑想

怒りを変容させるためには、これらの誘導瞑想が有効です。ご自身で静かに誘導しても誰かに読み上げてもらって、一緒に瞑想しても良いでしょう。YouTube のプラムヴィレッジ日本語チャンネルに誘導瞑想の音声がアップされていますので、別途リンク（※）をご参照ください。

一人で読みながら瞑想する場合は、二行を読み上げた後、キーワードを使って、最低10回意識的に呼吸をしてください。そして次の行に進み、また同じように実践します。

例：息を吸いながら、入る息に気づく
　息を吐きながら、出る息に気づく
↓キーワード「入る・出る」吸うたびに「入る」吐くたびに「出る」とキーワー

ドを使うことによって、心が散乱せず、呼吸と瞑想の課題に集中することができます。機械的に言葉を発するのではなく、言葉を実際に体感しながら行います。

※参考リンク：https://www.youtube.com/watch?v=03ov94xSX0k

怒りを深く見る瞑想

1. 息を吸いながら、入る息に気づく
息を吐きながら、出る息に気づく
入る・出る

2. 息を吸いながら、体全体を感じる
息を吐きながら、体の力を抜く
体・力を抜く

3. 息を吸いながら、怒っている人を思い浮かべる
息を吐きながら、その人の苦しみに気づく

怒っている人・苦しんでいる

4. 息を吸いながら、怒りは自分と他者を傷つけることを知る
息を吐きながら、怒りは幸せを破壊してしまうことを知る
怒りは自他を傷つける・幸せを破壊する

5. 息を吸いながら、怒りの根は私の体の中にあると気づく
息を吐きながら、怒りの根は私の意識の中にあると気づく
体の中の怒りの根・意識の中の怒りの根

6. 息を吸いながら、怒りは勘違いと無知に基づいていると知る
息を吐きながら、私の勘違いと無知へ微笑む
勘違いと無知に基づく怒り・微笑む

7. 息を吸いながら、怒っている人の苦しみを感じる
息を吐きながら、怒り苦しんでいる人を思いやる

怒り苦しむ人・思いやる

8. 息を吸いながら、怒っている人の不利な環境と不幸に気づく
息を吐きながら、その人の不幸の原因を理解する
不幸な怒る人・不幸を理解する

9. 息を吸いながら、怒りに燃える自分を見る
息を吐きながら、怒りに燃える自分を思いやる
怒りに燃える・自分を思いやる

10. 息を吸いながら、怒りは私を醜くすることを知る
息を吐きながら、私の醜さの主な原因が自分であることを知る
怒りによる醜さ・私が原因

11. 息を吸いながら、怒っている私は、燃える家だと知る
息を吐きながら、自分自身に戻って怒りのケアをする

私は燃える家・自分自身をケアする

12．息を吸いながら、怒っている人を助けたいと思う
息を吐きながら、私には、怒る人を助ける力があると知る
怒る人を助ける・助ける力がある

怒りを手放し、親との関係性を癒す瞑想

1．息を吸いながら、入る息に気づく
息を吐きながら、出る息に気づく
入る・出る

2．息を吸いながら、5歳の子どもの私を見る
息を吐きながら、5歳の子どもへ微笑む
5歳の私・微笑む

3. 息を吸いながら、傷つきやすい5歳の子どもの私を見つめる
息を吐きながら、5歳の私に愛情を込めて微笑む
傷つきやすい子ども・愛情を込めて微笑む

4. 息を吸いながら、5歳の父を見つめる
息を吐きながら、5歳の父へ微笑む
5歳の父・微笑む

5. 息を吸いながら、繊細で傷つきやすい5歳の父を見つめる
息を吐きながら、愛情と理解を込めて、5歳の父へ微笑む
繊細で傷つきやすい父・微笑む

6. 息を吸いながら、5歳の母を見つめる
息を吐きながら、5歳の母へ微笑む
5歳の母・微笑む

7. 息を吸いながら、繊細で傷つきやすい5歳の母を見つめる
息を吐きながら、愛情と理解を込めて、5歳の母へ微笑む
繊細で傷つきやすい母・微笑む

8. 息を吸いながら、子どもの頃苦しんでいた父を見つめる
息を吐きながら、子どもの頃苦しんでいた母を見つめる
子どもの頃苦しんでいた父・子どもの頃苦しんでいた母

9. 息を吸いながら、私の中の父を見つめる
息を吐きながら、私の中の父へ微笑む
私の中の父・微笑む

10. 息を吸いながら、私の中の母を見つめる
息を吐きながら、私の中の母へ微笑む
私の中の母・微笑む

11. 息を吸いながら、私の中の父が抱えている苦しみを理解する
息を吐きながら、父と私の解放のために実践することを決意する
私の中の父の苦しみ・私と父の解放

12. 息を吸いながら、私の中の母が抱えている苦しみを理解する
息を吐きながら、母と私の解放のために実践することを決意する
私の中の母の苦しみ・私と母の解放

付録D

深いくつろぎ

これは、自分やほかの人を深いくつろぎへと誘導する方法の一例です。体を休ませることはとても重要です。体が気持ちよくくつろいでいるときは、心も安らいでいます。深いくつろぎの実践は、あなたの体と心を癒すために不可欠です。この実践を行う時間を頻繁に取ってください。ここに紹介する誘導瞑想は30分かかりますが、状況に応じて調整して構いません。朝起きたときや夜寝る前、忙しい日中の短い休憩時間に行うために、5分か10分に縮めても構いません。また、長く延ばしてもっと掘り下げて行ってもよいでしょう。最も大切なことは、楽しむことです。

ベッドか床に仰向けになり、体を楽にします。

目を閉じます。腕は体のわきに置き、脚も力を抜いて自然に外側に向けます。息を吸い、吐きながら、全身が横たわっていることを感じます。床やベッドと触れている体の部分すべて——かかと、脚の後ろ側、お尻、背中、腕と手の後ろ側、後頭部を感じます。息を吐く度に、自分がさらに深く、深く床に沈んでいくのを感じます。緊張を緩め、心配事を手放し、すべてを解放します。

息を吸うとお腹がふくらみ、息を吐くとお腹がへこむのを感じてください。何呼吸か、ただお腹が上下するのを感じてください。

今度は、息を吸うとき、両足を感じてください。息を吐くとき、両足の力を抜きます。息を吸って、両足に愛を送り、息を吐いて、両足に微笑みかけます。息を吸って吐いて、両足があるおかげで、歩いたり、走ったり、運動したり、踊ったり、運転したり、一日中いろいろな活動ができることがいかに素晴らしいかを感じてください。必要とするときにいつもそこにある両足に感謝の気持ちを送ってください。

息を吸って、右脚と左脚を感じます。息を吐いて、両脚の細胞すべての力を抜きます。息を吸って、脚に微笑み、息を吐いて、両脚に愛を送ってください。両脚がもつ強さと健康に感謝してください。息を吸い、吐きながら、やさしさといたわりの気持ちを送ります。両脚の力を抜き、床にゆっくりと沈めていきます。脚に感じる緊張感をすべて解いてください。

息を吸って、床の上にある両手を感じます。息を吐いて、両手のすべての筋肉の力を抜き、すべての緊張感を解きます。息を吸って、両手があることがいかに素晴らしいか感謝し、息を吐いて、両手に愛の微笑みを送ってください。息を吸って吐いて、両手があることでできるすべてのことを感じます——料理を作ること、書くこと、運転すること、誰かと手をつなぐこと、赤ちゃんを抱くこと、体を洗うこと、絵を描くこと、楽器を弾くこと、タイプを打つこと、ものを作ったり修理すること、動物を撫でること、お茶のコップを持つこと……両手があるおかげでできることがとてもたくさんあります。両手があることをただ楽しみ、両手のすべての細胞を完全に休ませます。

息を吸って、両腕を感じます。息を吐いて、両腕の力を完全に抜きます。息を吸って、両腕に愛を送り、息を吐いて、両腕に微笑みます。両腕がもつ強さと健康に感謝するための時間を取ってください。腕のおかげで、誰かを抱き締めたり、ブランコに乗ったり、誰かを手伝ったり、掃除をしたり、草を刈ったり、一日中いろいろなことができることに感謝の気持ちを送ってください。息を吸って、吐いて、両腕を解放し、床の上で完全に力を抜きます。息を吐く度に、腕の緊張感が抜けていくのを感じてください。両腕を気づきで包み込み、両腕のすべての部分に喜びと安心を感じてください。

息を吸い、肩を感じます。息を吐いて、肩にあるすべての緊張を床へ流し出してください。息を吸って、肩に愛を送り、息を吐いて、感謝を込めて微笑みます。息を吸って、吐いて、たくさんの緊張とストレスを肩に溜めてしまったことを思い返します。息を吐く度に、肩から緊張を取り除き、さらに深いくつろぎを感じてください。肩にあまり負担をかけず、力が抜けて楽な状態でいられるような生活を送るよう、やさしさといたわりの気持ちを送ります。

息を吸って、心臓を感じます。息を吐いて、心臓を楽にします。息を吸って、心臓に愛を送り、息を吐いて、心臓に微笑みかけます。息を吸って、吐いて、胸で脈打つ心臓があることがいかに素晴らしいかを感じます。心臓のおかげでいのちがあり、心臓はどの時間も、どの日も、そこにいてくれます。決して休むことはありません。心臓は、母親の胎内であなたが4週目の胎児であった頃から脈打っています。心臓は、一日中あらゆる活動を可能にしてくれる素晴らしい臓器です。息を吸って、心臓があなたを愛していることを感じます。息を吐いて、心臓がはたらきやすい生き方をすると約束します。息を吐く度に、心臓がどんどんくつろいでいくのを感じてください。心臓のすべての細胞が安心と喜びで微笑むのを感じてください。

息を吸って、胃と腸を感じます。息を吐いて、胃と腸の力を抜きます。息を吸って、愛と感謝を送ります。息を吐いて、やさしく微笑みます。息を吸って、吐いて、健康でいるためにこれらの内臓がいかに重要であるかを感じます。それらに、深くくつろぐ機会を与えます。毎日、内臓は食べたものを消化、吸収してエネルギーと体力を与えてくれます。彼らも、認識され、感謝されたがっています。息を吸いながら、胃と腸がくつろぎ、すべての緊張を緩めるのを感じます。息を吐きながら、胃と腸があることに感謝します。

息を吸って、両目を感じます。息を吐いて、両目とその周りの筋肉の力を抜きます。息を吸って、両目に微笑み、息を吐いて、愛を送ります。目の力を抜き、頭の奥に落とすようにゆるめていきます。呼吸をしながら、二つの目がいかに貴重であるかを感じます。目は私たちに、愛する人の目を見つめたり、美しい夕日を見たり、読み書きをしたり、移動を楽にさせてくれたり、空を飛ぶ鳥を見たり、映画を見たりさせてくれます——二つの目があるおかげで実にたくさんのことができます。視力を与えられたことに感謝する時間を取り、目に深いくつろぎを与えてください。そっと眉を上げて、目の周りの緊張を取り除きましょう。

体のほかの部位についても、同じように続けてもよいでしょう。

もし体に病んでいるところや痛みがあれば、そこに意識を向けて、愛を送りましょう。息を吸って、その部位を休ませ、息を吐いて、大いなるやさしさと愛情をもって微笑みかけます。体の中に、丈夫で健康な部位もあることを感じます。これらの丈夫な部位から、その強さとエネルギーを弱って病んだ部位に送ってあげてください。体全体からの支え、エネルギー、愛が、弱った部位に浸透し、その部位を和らげ、癒していくのを感じてください。息を吸って、自分のもつ治癒力を信じ、息を吐いて、体の中にある心配や怖れを手放します。呼吸をして、健康でない体の部位に愛と自信を持って微笑みかけます。

最後に息を吸って、全身で横たわっていることを感じます。息を吐いて、とてもくつろいで落ち着いた状態で、全身で横たわっている感覚を楽しみます。息を吸いながら、体全体に微笑み、息を吐きながら体全体に愛と思いやりを送ります。体のすべての細胞が喜んで、あなたと一緒に微笑んでいるのを感じてください。体全体のすべての細胞に感謝の気持ちを感じます。お腹の穏やかな上下の動きに意識を戻します。

誰かを誘導していて、もしできるようならば、気持ちが安らぐ歌や子守唄を唄ってもよいでしょう。

終わりに、ゆっくりとストレッチし、目を開けます。焦らず、ゆっくりと静かに起き上がります。ここで生み出した静かな気づきのエネルギーを、次の活動及び1日の活動に生かし続けられるように練習してください。

巻末資料

プラムヴィレッジ・YOUTUBE 日本語チャンネル

https://www.youtube.com/channel/UCcx4OAwbr4Y-bEd7p6OUHQQ

ティクナットハン「マインドフルネスの教え」ＦＢページ

https://www.facebook.com/tnhjapan

日本で活動しているプラムヴィレッジサンガのＨＰ

https://www.tnhjapan.org/

プラムヴィレッジＨＰ（英語）

https://plumvillage.org/

ティクナットハン・ファンデーション（英語）

https://thichnhathanhfoundation.org/

本書は二〇一一年に株式会社サンガより『怒り　心の炎の静め方』として刊行された単行本の文庫化である。

This edition published by arrangement with Riverhead Books, an imprint of Penguin Publishing Group, a division of Penguin Random House LLC, through Tuttle-Mori Agency, Inc., Tokyo

怒《いか》り　心《こころ》の炎《ほのお》を静《しず》める知恵《ちえ》

二〇二一年一一月一〇日　初版印刷
二〇二一年一一月二〇日　初版発行

著　者　ティク・ナット・ハン
訳　者　岡田《おかだ》直子《なおこ》
発行者　小野寺優
発行所　株式会社河出書房新社
〒一五一－〇〇五一
東京都渋谷区千駄ヶ谷二－三二－二
電話〇三－三四〇四－八六一一（編集）
〇三－三四〇四－一二〇一（営業）
https://www.kawade.co.jp/

ロゴ・表紙デザイン　粟津潔
本文フォーマット　佐々木暁
本文組版　株式会社キャップス
印刷・製本　凸版印刷株式会社

Printed in Japan　ISBN978-4-309-46746-7

ヒマラヤ聖者の太陽になる言葉

ヨグマタ相川圭子 41639-7

世界でたった二人のシッダーマスターが伝える五千年の時空を超えたヒマラヤ秘教の叡智。心が軽く、自由に、幸福になる。あなたを最高に幸せにする本！

本当の自分とつながる瞑想

山下良道 41747-9

心に次々と湧く怒り、悲しみ、不安…。その苦しみから自由になり、「本当の自分」と出会うための瞑想。過去や未来へ飛び回るネガティブな思考を手放し、「今」を生きるための方法。宮崎哲弥氏・推薦。

怒らない　禅の作法

枡野俊明 41445-4

イライラする、許せない…。その怒りを手放せば、あなたは変わり始めます。ベストセラー連発の禅僧が、幸せに生きるためのシンプルな習慣を教えます。今すぐ使えるケーススタディ収録！

悩まない　禅の作法

枡野俊明 41655-7

頭の雑音が、ぴたりと止む。ブレない心をつくる三十八の禅の習慣。悩みに振り回されず、幸せに生きるための禅の智慧を紹介。誰でもできる坐禅の組み方、役立つケーススタディも収録。

ヒーリングレッスン

寺尾夫美子 41019-7

仕事も恋愛も思い通りの、幸運な人生をプロデュース！　心も体も若々しい本来の自分を取り戻すには、七つのチャクラを活性化させることが大切。セルフヒーリングのコツを易しく丁寧に解説。

生き抜くための整体

片山洋次郎 41728-8

日常の癖やしぐさを見直し、身体と心をゆるめるための一冊。日々のストレスを自分でほぐす16のメソッドも掲載。深い呼吸をもたらし、生きることが心地よくなる。一生使える、身体感覚の磨き方。